手绘英国旅行

杨译淇／著

龍門書局

图书在版编目（CIP）数据

手绘英国旅行/杨译淇著.—北京：龙门书局，2012.7
ISBN 978-7-5088-3775-8

Ⅰ. ①手… Ⅱ. ①杨… Ⅲ. ①旅游指南－英国
Ⅳ. ①K956.19

中国版本图书馆 CIP 数据核字（2012）第 142697 号

责任编辑：周晓娟 张 丹 / 责任校对：杨慧芳
责任印刷：华 程 / 封面设计：彭 彭

龍門書局出版
北京东黄城根北街 16 号
邮政编码：100717
http://www.sciencep.com

中国科技出版传媒集团新世纪书局策划
北京天颖印刷有限公司印刷
中国科技出版传媒集团新世纪书局发行 各地新华书店经销

*

2012 年 8 月第一版 2012 年 8 月第一次印刷
开本：32 开 印张：6.75
字数：120 000

定价：29.80元

前 言

一提起英国，你最先想到的是什么？是头顶礼帽、身披燕尾服的矜持绅士，是撑着蕾丝阳伞、衣裙袅袅的窈窕贵妇，是牛津剑桥攒动的博士帽，还是历经岁月洗礼却依旧庄严气派的皇家卫队？可以说，它们都代表了英国；也可以说，它们都只是英伦万千面孔中的一种。

这个保守与激进、沉着与开放并存的国度，其国名“不列颠”这个单词便来源于古凯尔特语，而它最初的本意就是“多彩”，对于我这个爱满脑子幻想旅行的宅人来说，确实很有些意外，然而旅途中所见识的一切，又让我深觉这确实是个令人惊艳的国度。脱去雾蒙蒙外衣的伦敦，虽然天气仍然阴晴不定，但那博览世界的大英博物馆、风情万种的杜莎夫人蜡像馆，那气派巍峨的白金汉宫、力与美并重的伦敦塔桥，都让人感觉这古代的大都会仍在散发着动人的活力。甚至连路边的观光巴士，都是涂抹得那样艳丽。

而从布赖顿到剑桥牛津，从北爱尔兰再到苏格兰，都市的浓艳褪去，乡村的诗情画意却更加令我怦然心动：一边默念着徐志摩的《再别康桥》，一边在康河撑篙；带一朵玫瑰花，去拜访莎翁的故居；在宁静的下午全心全意地品味最经典的英式下午茶，也可以自制食品茶点，与主人家或驴友交换……这一趟英伦之行，虽然去的地方不多，但最大的收获莫过于我那慵懒的生物钟变得明快起来，虽然依然慢吞吞，却令我更容易感动，更容易发现一些不经意的美好。

若有幸再去一趟，我想我会抛去沉重的行囊，轻装便鞋，最多多带一把小伞，慢悠悠地迷失在英伦的雨中……

八宝仔

目录

hi!

一、准备出行123……

1, 出发前的准备 / 007
2, 行李箱里的玄机 / 012
3, 快读英国 / 015
4, GO, 起飞啦! / 017

二、伦敦“快报”

1, 伦敦地铁全貌图 / 020
2, 伦敦的交通 / 022
3, 感受伦敦 / 026
4, 第一个朋友 / 030

三、奥运会

1, 奥运奥运 / 033
2, 驻在伦敦市内的赛场 / 035
3, 市内其他场馆 / 037
4, 市外场馆 / 039
5, 注意事项 / 041

四、梦想奥运

五、玩转伦敦

1、伦敦行程建议 / 047
2、威斯敏斯特区 / 048
3、索霍区&卡姆登区 / 059
4、西堤区与东区 / 070
5、南岸区 / 077
6、骑士桥与肯辛顿 / 086
7、马里波恩 / 095
8、牛津圆环购物区 / 101
9、伦敦近郊 / 107

六、其他地区

1、布赖顿 / 118
2、温莎 / 127
3、巴斯 / 137
4、剑桥 / 144
5、牛津 / 154
6、斯特拉特福 / 165
7、湖区 / 175

Tea Time

七、苏格兰

八、北爱尔兰

九、小结

一、准备出行123……

我要去英国旅行啦~第一次独自旅行心里有点紧张，却又兴奋。但没时间再犹豫，还有很多要准备！

问，出国前最重要的准备是什么？钱还是时间？

答，错！当然是护照和签证！！

①护照办理

首次申请护照的流程：

1，准备好2寸近期正面免冠彩色照片2张（背景颜色要提前打电话到当地有关部门咨询）、身份证和户口本。护照办理很简单，只需到当地有关部门按照流程办理，15~20天就可以拿到。

②签证办理

计划旅行的前3个月申请签证，在签证办理之前最好不要安排具体的行程，比如订酒店。2012年1月1日起，接受奥运签证申请，观赛观众申请签证最长可在英国停留6个月。

在中国申请签证需要准备

1，个人资料表一份，每项必须填写完整，否则不能送签。

2，护照，有效期在6个月以上的因私护照并在护照最后一页签中文姓名，持换发护照者需同时提供所有旧护照原件，如果旧护照丢失需在公安机关开丢失证明。

3，照片，35×45mm的白底彩色近照6张，照片背面用铅笔写上自己的姓名。

4，身份证，有效身份证(二代)正反面的A4复印件2份。

5，户口本，全家的1份，全家户口本原件(如果申请人配偶子女和申请人不在同一户口本上，要分别提供)。

6，结婚证/离婚证，1份，已婚请提供，夫妻同行时一定要提供。离婚人士提供离婚证原件和复印件。

7，暂住证，1份，必须是到递交申请日期止有半年有效期。

8，退休证，1份，退休人员提供此项就不需要再提供9~11项。

9，名片，3张，没涂改过且与所在单位执照、信纸相符的名片，或工作证复印件。

10，单位信笺或已打好的单位保证函，4张，须使用公司正规抬头纸打印，中文和英文各一份，内容包括：申请人姓名、出生日期、护照号、职位、收入、现公司入职时间，具体旅游起止时间并注明担保申请人按期回国；公司名称、地址、传真、联系电话和公司的营业执照/企业机构代码证号；以及负责人姓名和职务，在右下角要加盖公司公章，领导人签名。同一公司的申请人必须以名单的形式打在同一份抬头纸上，而且每人都要提供在职证明原件。请勿在在职证明上写“仅供签证使用”。

11，营业执照，1份，申请人为法人代表，一定要提供营业执照原件，非法人代表需要提供营业执照或者组织机构法人代码证，复印件需要加盖公司公章。

12，活期存款，存款证明书原件(人民币5万元以上，从出发前冻结至团队回国后3个月，此原件不退)还需要一份与工资相对应的工资存折。

13，房产证，1份，如果是配偶的还需提供结婚证原件和复印件。

14，汽车行驶证，1份，如果是配偶的需提供结婚证原件和复印件。

15，其他房产证明，最少1份，不限制，如存款单，存款证明书，股权证，等等都可以提供，越多越好。

16，其他证件不限制，例如杰出青年，优秀企业家证书等。

17，出生证，公证书/授权书，未满18岁人员须提供出生证原件和复印件，与父母一方同行须提供与父母的亲属关系公证书及另一方授权书。与其他人同行需提供同行者关系证明书。

18，学生证及放假信，1份，在校学生需提供学生证原件，学校信纸2张或学校信纸打印的学校放假信（要有公章）。

19. 住宿证明(个人签证才要)，1份，全城酒店确认单（必须是酒店给客人的真实确认单）。

签证领区划分：

北京领区：除上海，广州，武汉，成都、沈阳和香港领区之外的其他省份

上海领区：上海、浙江、安徽、江苏　广州领区：广东、广西、福建、海南

武汉领区：湖南、湖北、江西　成都领区：四川、云南、贵州、重庆

沈阳领区：黑龙江、吉林、辽宁　香港领区：香港、澳门

持有半年前发放的北京领区所属城市暂住证者可在北京办理签证

在线申请签证地址http://www.ukba.homeoffice.gov.uk/countries/china/applying/?langname=Simplified Chinese

更多关于签证的问题可以访问

http://www.eueueu.com/forums/1/144102/ShowPost.aspx

还有一种方法，可以找旅行社帮忙办理，手续费用需在当地咨询。

准备机票vs订酒店

订廉价机票：买廉价机票重要的一点是"盯瞟"

Skyscanner　http://cn.skyscanner.com/

最好行李先选0 bags，最后check in之前把行李加上。

Ryanair　http://www.ryanair.com/

欧洲最出名的廉价航空公司，有很好的口碑。

我要廉价机票！

住宿问题

廉价住宿选择有很多

预订网站：BOOKING.COM

YHA（Youth Hostel Association，即青年旅馆）或Hostel以及B&B（Bed & Breakfast，即家庭旅馆）。

青年旅馆的价格便宜，但可能分到多人间，共用浴室，而且没有餐馆和厨房。网站：www.yha.org.uk。

Hostel就是招待所，有可能住女生房（female only room），也可能男女混间（mix room），住Hostel一定要保护好财务，洗澡，睡觉，东西最好锁在保险箱里。Hostel的厨房里厨具餐具齐全，设备完善。推荐一家Hostel，网站：www.generatorhostels.com。

B&B（Bed and Breakfast），英国家庭式旅馆。提供一餐早饭，住在这里能体验英国人的家庭生活。

另有很多backpackers的网站，提供相互交换免费住宿的服务。可在网站查询：www.hospitalityclub.org或www.globalfreeloaders.com。

在预订住所时要问清楚可能额外花费的项目，比如，早饭是否需要额外付款等。

去英国
寻驴友!!

此外在网上寻找驴友（约驴友要格外小心，多查阅对方资料，毕竟对方是陌生人），希望旅行中能找到同伴，以及在google上打印英国的地图。

行李箱里的玄机

证件照
护照、身份证等身份证明的复印件
护照
硬币
英镑
身份证
信用卡
银联卡
手电筒
笔和本
换洗内衣
拖鞋
毛巾
雨伞
应季衣物 夏季长外套
纸巾抽纸
电热水杯
英标插头转换器
洗漱用品
护肤品&防晒霜
小药盒——
感冒药，消炎药，
止泻药，晕船药，
创可贴
相机
保鲜
帽子
手机
随身包
相机架

大家都觉得我带的东西多，但是作为一个常年旅行拍照都一脸游客样的我来说……实在想要拍出点有艺术感的照片留念，除了拍照技术，也少不了应景的搭配衣服……拼了。

帽子也要带两顶？疯了吧！
配衣服！
床单你也带啊？多沉啊！
我洁癖！
带点不用的旧衣服，穿完扔了减重！
床单

准备的个人搭配
去郊区：防风长外套，帽子，运动鞋，长裤。
博物馆：长裙加草帽，球鞋。

wait

此外，我还准备了一个贴身腰包放钱。只是，如果非要用到腰包里的钱，那副模样会很怂……

一切准备就绪~
准备好啦！
出发！

八宝仔，金牛座。
有点迷糊，绝对路痴，英语很烂，
第一次一个人的旅行开始了……

英国气候

英国天气变化无常，出行前一定要查询天气，挑选衣物。一天之内，时晴时雨，郊区还常会伴有大风。

英国时差

英国夏季（4~10月）实行夏令时，冬季（11月~次年3月）实行冬令时。比如，北京时间晚上20:00，夏季的伦敦时间是13:00，比北京晚7小时；冬季则为中午12:00，比北京晚8小时。

英国主要节假日

1月1日　新年元旦，法定假一天。如果节日是在周末周一补休一天。

2月14日　情人节。

3月1日　圣大卫日，传统风俗庆祝，无假日。

3月17日　圣帕曲克日，爱尔兰传统风俗庆祝，无假日。

4月1日　愚人节。

4月2日　母亲节。

4月15~16日　（耶稣）复活节，巧克力和彩蛋是应景礼物。

4月23日　圣乔治日，传统风俗庆祝，无假日。

5月7日　五月公假日，放假一天。

5月28日　五月公假日，宗教假日休假一天。

6月17日　父亲节。

8月27日　八月公假日，宗教假日休假一天。

10月31日　鬼节，有游街活动，化装舞会，无假日。

11月5日　盖夫克夜（俗称柴火夜），统烧柴火放烟花庆祝。无假日。

11月11日　纪念日，纪念在第一和第二次世界大战中牺牲的无名烈士。有默哀仪式，无假日。

11月30日　圣安德鲁日，风俗庆祝，无假日。

12月24~26日　圣诞节。

法定假日从圣诞日起两天，但多数人一直休息到元旦过后。

圣诞节街上商铺几乎都休息，不是旅游的好时机。

英国不流通人民币，出国之前要兑换好英镑或美元，中国海关规定每人最多可以携带人民币20000元或折合5000美金的等值外币。在英国购物，多数商店可刷MasterCard、VISA卡，很方便。

参考汇率（以银行实时牌价为准）

1英镑=10.328元人民币　1元人民币 ≈ 0.1英镑

太多啦，记不住啊!!!

一切准备就绪之后，又在网上查了下大不列颠国民的生活禁忌……

英国人不喜欢插队……
不喜欢被打听隐私
不喜欢讨价还价……
室内不能吸烟

第一次到陌生环境紧张的人……

嗯
嗯
嗯
买礼物啊！
注意安全啊！
注意素质！

起飞啦~
要不要打个
招呼呢……
Z
Z
Z

第一次淘到廉价飞机票，听说廉价飞机上的食物需要另外付钱……

多少钱?!
这是免费的！

就这样在飞机上吃了两顿免费的飞机餐，浑浑噩噩13个小时后，终于到了伦敦。

当地旅行社有种叫地接的服务可以安排接机。自助游也可以联系地接来安排车，送你去目的地~网上查阅一下可以找到很多，并没有特别推荐。

KIMIKO from JAPAN
Tim from China Wong

伦敦，你好！

在箱子明显的地方挂上吊牌，方便自己找到行李，也避免别人拿错！

二、伦敦“快报”

Chesham
Chalfont & Latimer
Amersham
Watford
Croxley
Chorleywood
Rickmansworth
Moor Park
Northwood
Northwood Hills
Pinner
North Harrow
Harrow-on-the-Hill
West Harrow
West Ruislip
Ruislip
Hillingdon
Uxbridge
Ickenham
Ruislip Manor
Eastcote
Rayners Lane
Ruislip Gardens
South Harrow
South Ruislip
Sudbury Hill
Northolt
Sudbury Town
Alperton
Greenford
Perivale
Hanger Lane
Park Royal
North Ealing
Ealing Broadway
West Acton
North Acton
East Acton
White City
Ealing Common
Acton Central
South Acton
Acton Town
South Ealing
Northfields
Boston Manor
Osterley
Hounslow East
Hounslow West
Hounslow Central
Hatton Cross
Heathrow Terminals 1, 2, 3
Heathrow Terminal 4
Heathrow Terminal 5
Chiswick Park
Turnham Green
Stamford Brook
Ravenscourt Park
Gunnersbury
Kew Gardens
Richmond
Watford Junction
Watford High Street
Bushey
Carpenders Park
Hatch End
Headstone Lane
Harrow & Wealdstone
Kenton
Northwick Park
Preston Road
South Kenton
North Wembley
Wembley Central
Stonebridge Park
Harlesden
Willesden Junction
Wembley Park
Kensal Rise
Brondesbury Park
Brondesbury
Kensal Green
Queen's Park
Kilburn High Road
South Hampstead
Kilburn Park
Maida Vale
Warwick Avenue
Paddington
Edgware Road
Marylebone
Royal Oak
Westbourne Park
Ladbroke Grove
Latimer Road
Shepherd's Bush
Wood Lane
Shepherd's Bush Market
Goldhawk Road
Hammersmith
Holland Park
Kensington (Olympia)
Barons Court
West Kensington
Earl's Court
West Brompton
Fulham Broadway
Parsons Green
Putney Bridge
East Putney
Southfields
Wimbledon Park
Wimbledon
Imperial Wharf
Clapham Junction
Stanmore
Canons Park
Queensbury
Kingsbury
Neasden
Dollis Hill
Willesden Green
Kilburn
West Hampstead
Finchley Road
Swiss Cottage
St. John's Wood
Edgware
Burnt Oak
Colindale
Hendon Central
Brent Cross
Golders Green
Hampstead
Finchley Road & Frognal
Baker Street
Bayswater
Notting Hill Gate
Lancaster Gate
Bond Street
Oxford Circus
Queensway
Marble Arch
High Street Kensington
Hyde Park Corner
Knightsbridge
Gloucester Road
South Kensington
Sloane Square
Victoria
St. James's Park
Green Park
Pimlico
Vauxhall
Clapham North
Clapham Common
Clapham South
Balham
Tooting Bec
Tooting Broadway
Colliers Wood
South Wimbledon
Morden
温布利球场
海德公园
阿尔斯库尔展览中心(伯爵宫)
温布尔顿网球场
去奥运场馆下车标志
Bakerloo
Central
Circle
District
Hammersmith & City
Jubilee
Metropolitan
Northern
Piccadilly
Victoria
Waterloo & City
DLR
London Overground
London Overground under construction
Blackfriars Station closed
Interchange stations
Step-free access from the platform to the street
National Rail
Tramlink
Riverboat services
Airport

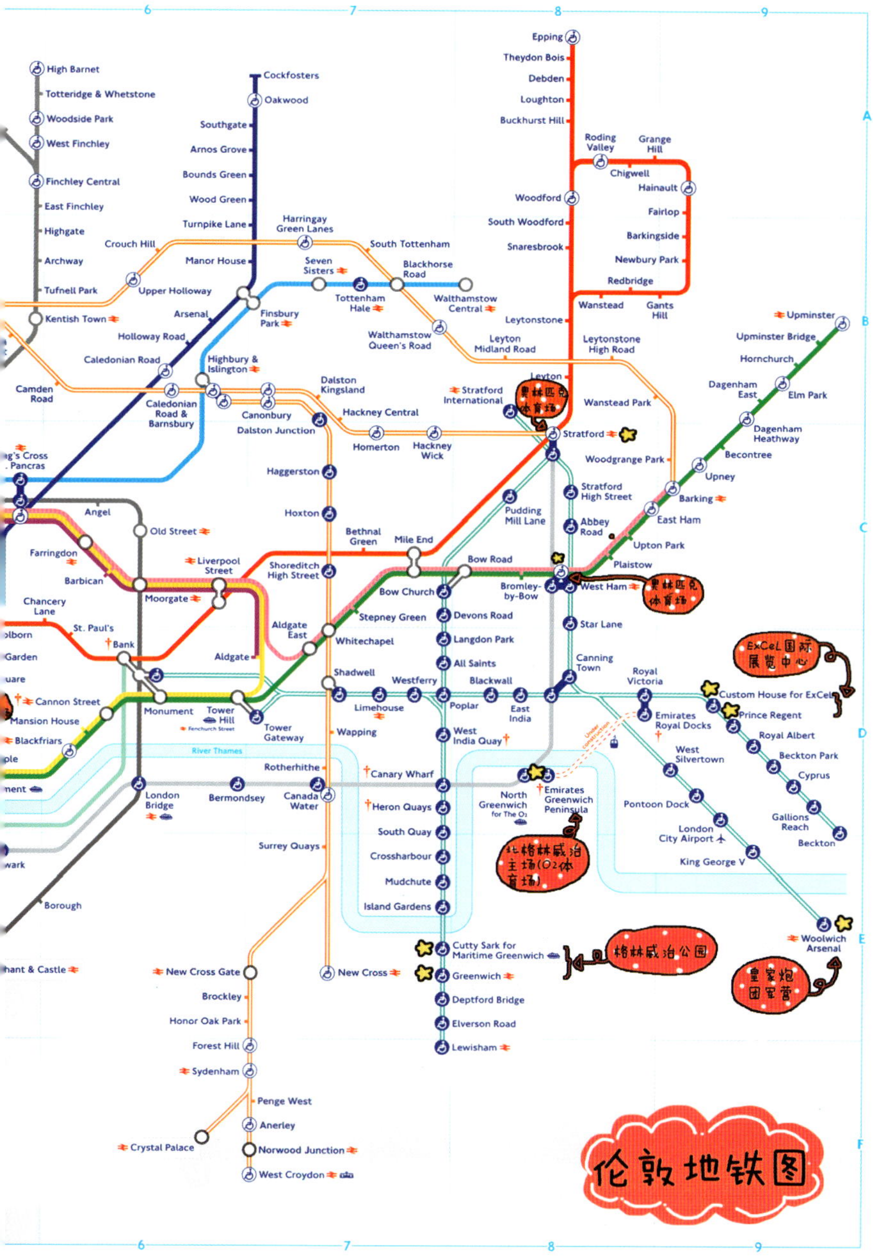

伦敦地铁图
High Barnet
Totteridge & Whetstone
Woodside Park
West Finchley
Finchley Central
East Finchley
Highgate
Archway
Tufnell Park
Kentish Town
Camden Road
Cockfosters
Oakwood
Southgate
Arnos Grove
Bounds Green
Wood Green
Turnpike Lane
Manor House
Crouch Hill
Upper Holloway
Arsenal
Holloway Road
Caledonian Road
Caledonian Road & Barnsbury
Harringay Green Lanes
South Tottenham
Seven Sisters
Blackhorse Road
Tottenham Hale
Walthamstow Central
Walthamstow Queen's Road
Finsbury Park
Highbury & Islington
Canonbury
Dalston Kingsland
Dalston Junction
Hackney Central
Homerton
Hackney Wick
Haggerston
Hoxton
Angel
Old Street
King's Cross St. Pancras
Farringdon
Barbican
Chancery Lane
Holborn
Covent Garden
Leicester Square
Liverpool Street
Moorgate
Shoreditch High Street
Bethnal Green
Mile End
St. Paul's
Bank
Aldgate
Aldgate East
Whitechapel
Stepney Green
Cannon Street
Mansion House
Blackfriars
Temple
Embankment
Monument
Tower Hill
Fenchurch Street
Tower Gateway
Shadwell
Wapping
Rotherhithe
Canada Water
Bermondsey
London Bridge
Surrey Quays
Southwark
Borough
Elephant & Castle
River Thames
New Cross Gate
Brockley
Honor Oak Park
Forest Hill
Sydenham
Penge West
Anerley
Crystal Palace
Norwood Junction
West Croydon
New Cross
Epping
Theydon Bois
Debden
Loughton
Buckhurst Hill
Roding Valley
Grange Hill
Chigwell
Hainault
Fairlop
Barkingside
Newbury Park
Redbridge
Woodford
South Woodford
Snaresbrook
Wanstead
Gants Hill
Leytonstone
Leyton Midland Road
Leytonstone High Road
Leyton
Stratford International
奥林匹克体育场
Stratford
Wanstead Park
Woodgrange Park
Stratford High Street
Pudding Mill Lane
Abbey Road
Bow Road
Bow Church
Bromley-by-Bow
West Ham
奥林匹克体育场
Devons Road
Langdon Park
All Saints
Star Lane
Canning Town
Limehouse
Westferry
Blackwall
Poplar
East India
West India Quay
Canary Wharf
Heron Quays
South Quay
Crossharbour
Mudchute
Island Gardens
Cutty Sark for Maritime Greenwich
格林威治公园
Greenwich
Deptford Bridge
Elverson Road
Lewisham
North Greenwich for The O2
Emirates Greenwich Peninsula
北格林威治主场(O2体育场)
Under construction
Royal Victoria
Custom House for ExCeL
ExCeL国际展览中心
Prince Regent
Royal Albert
Beckton Park
Cyprus
Gallions Reach
Beckton
Emirates Royal Docks
West Silvertown
Pontoon Dock
London City Airport
King George V
Woolwich Arsenal
皇家炮团军营
Upminster
Upminster Bridge
Hornchurch
Elm Park
Dagenham East
Dagenham Heathway
Becontree
Upney
Barking
East Ham
Upton Park
Plaistow

机场至市内交通

伦敦外围有5个国际机场。希思罗机场（Heathrow）为最主要的国际机场（位于伦敦西郊25公里）。机场至市区很容易塞车，所以推荐乘坐火车和地铁。

www.heathrowairport.com

希思罗快车Heathrow Express

从5:07~23:42每15分钟由5航站楼（Terminal5）出发，开往伦敦帕丁顿车站（Paddington），车程约15分钟，4航站楼入境的旅客需搭乘免费Heathrow connect于1&3航站楼转乘，单价票£18，来回£34（一个月内有效）。若购买英国火车联票，也可在此使用。

www.heathrowexpress.com

希思罗连外火车Heathrow Connect

从4号航站楼（Terminal4）出发至伦敦Paddington车站，5:23~23:21每半个小时一班，车程约30分钟。单程车票£9.1，来回£17.8。

www.heathrowconnect.com

出租车 可搭乘黑色出租车，单程费用约£50~£80，需要加入£2的机场运费，打表计费，车程约1小时。另有minicab私人包车，需电话（0844 800 6677）或网站提前预订。

http://www.addisonlee.com/quickbooker/heathrow

巴士National Express coach

National Express有巴士往来机场及伦敦市区各主要车站，车程大约40~60分钟。至维多利亚巴士站（Victoria Coach Station），平均每小时3个班次，票价£5起。至国王十字车站，每小时2个班次，票价£10起。

www.nationalexpress.com

地铁London Underground

地铁班次频繁，搭乘Piccadilly Line到市中心皮卡地里广场（Piccadilly Circus）约50分钟，从5:09~23:40，10分钟左右一班车。单程票价£5左右，若当天有计划市区游览，建议购买一日旅游卡（Day Travelcard），非高峰时段（平日9:30以后，周末全天）票价£7.7，可于当日无限次数使用地铁及双层巴士。从市区进入机场的地铁分别为两条路线，“Terminal1,2,3&4”以及“Terminal1,2,3&5”，上车前需注意，以免耽误时间。www.tfl.gov.uk

市内交通

地铁 Underground

昵称"Tube"，一共分6个区（zone），12条线（line），大部分景点分布在zone1。不同区域和时段价格也不一样。单程票或者一日票可在自动售票机（有中文选择）购买。游览景点的旅人都会购买Oyster Card或者Travel Card相对划算。伦敦地铁服务时间为周一至周六5:00~00:30，周日7:30~23:30由于设备老旧经常维修，在进入地铁站前需先看看入口处的广告牌确认各线状况再搭乘。

Oyster Card

伦敦市的交通费很贵，大部分的伦敦人都用Oyster Card。此卡和北京的公交卡相似，可以搭乘地铁巴士、轻轨（DLR）、渡轮、伦敦境内火车，价格比现金购买单程票便宜很多。Oyster Card有两种功能，可存放依单次旅程扣款的储值金（Pay as you go），也可以存储7日以上的旅游卡（Travel Card）储值金适合短期或不定期前往伦敦的旅客，使用时会自动累计当日金额，若金额超过一日旅游卡的价旅程就不会再扣款，只须注意高峰期和非高峰期的扣款上限不同。另外，学生办理Oyster Card可享受7折优惠。办完卡后可在网上注册，防止丢失。

www.tfl.gov.uk

www.visitbritainshop.com

Travel Card

旅游卡只适合在伦敦停留1日或者预计停留一周以上的旅客。不限次数搭乘伦敦地区的地铁，巴士，轻轨（DRL）以及当地火车。

巴士

红色的双层巴士是伦敦的一个标志。几乎每个重要的景点附近都可以看到巴士停靠。可以使用Travel Card或Oyster Card。晚间00:00~第二天早晨4:30有夜间巴士服务。夜间巴士的公交车牌号码前有"N"提示，站牌也标有"24hr Service"字样。咨询电话（020）7222-1234

出租车

"黑顶"（Black Cab）的老爷车。起价£2.2，深夜或节日需要加价。短程距离车位约为£8.4，比如：诺丁汉—骑士桥。但要视情况给司机10%~15%的小费。电话叫车需要多收取£2的叫车费。（0871）871-8710

泰晤士河游船

Thames River Cruise

泰晤士河航运有通勤渡轮和旅游游轮两种。通勤渡轮票价便宜，旅游游轮舒适且安排解说，购票当日可无限次乘坐。票价根据路线和停靠服务不同，收费标准不一，Oyster储值金直接扣款享受9折优惠，购票出示旅游卡享受7折优惠，游客可在游客中心领取London River Service 介绍手册。

Thames Clippers(通勤渡轮) 网站：Thamesclippers.com

Crown River(旅游游轮) 网站：Crownriver.com

City Cruises(旅游游轮) 网站：Citycruises.com

Bateaux London(含午餐或晚餐的旅游游轮)

网站：www.bateauxlondon.com

旅游巴士

车上有导游解说，选择旅游巴士可以节省时间。24小时内无限次上下车。Original Sightseeing Tour 和 Big Bus Tours 都提供3条路线无限畅游，并可免费参加步行导游以及City Cruise的泰晤士河游河行程。Original Sightseeing的成人票价£26，未成年人£13。时间为每天8:30~19:00。Big Bus Tours成人票价£27，未成年人£12，时间为每天8:30~18:00。两家公司路线和出发点不同，但都会经过知名景点。游客可在网络、服务中心或上车时购买。

Original Sightseeing Tour

网站：www.theoriginaltour.com

Big Bus Tours

网站：www.bigbustours.com

伦敦卡 The London Pass

游客/旅游服务中心出售的伦敦卡，可免费参观超过55个景点，还有20家厅，市区旅游巴士等给予折扣。舞台剧则有6折购票优惠，部分地点还提供特别通道，持卡者不需要排队。1日卡成人£46，15岁以下未成年人£29。2日卡，成人£61，未成年人£46，6日卡，成人£89.1，未成年人£62.1。网上购买另有优惠。网站：www.leisurepassgroup.com

其他咨询

伦敦市区游客服务中心(Tourist Information Centre)可提供旅游景点建议，订房订票，交通信息服务，免费地图等等。

旅游服务中心(Travel Information Centre)设在交通中心，提供交通信息购票服务，部分免费旅游手册。网站：www.visitlondon.com

visit.www.visigreenwich.org.uk

英国及伦敦游客服务中心

Lower Regent Street(皮卡地里圆环地铁站3号出口)

电话：(0)8701 566 366

周一9:00~18:30（每年10月~次年3月9:00~18:00）

周二至周五9:00~~18:30（每年10月~次年3月 9:00~18:00）

周末及假日 10:00~16:00

西堤区游客服务中心

St.Pauls Churchyard, City of London

(St.Paul's 地铁站，圣保罗大教堂南)

电话：(020)7606 3030

周一至周六9:30~17:30

周日10:00~16:00

12月25~26日休息

格林威治游客服务中心

Pepys House，2 Cutty Sark Gardens, Greenwich

电话：(0)8706 082 000

周一至周日 10:00~17:00

12月25~26日休息

乘坐地铁的方法

地铁入口处标志

乘坐的方法和在国内差不多，出地铁站只要跟着黄色的“Wayout”字样就可以顺利找到出口。令人不爽的是地铁上并没有下一站是哪的提前提示，需要听准英文报站……记中文翻译过来的站名没什么用。

同一个站台上有很多方向的车，要看车头的终点显示。在地铁自动扶梯上一般靠右侧站立，左侧留出位置给着急赶路的人“超车”用。

我坐过站了吧!!

乘坐地铁注意事项：

随身行李最好放在胸前，留意包的开口；把钱包放在隐蔽的内层口袋；佩戴的首饰尽量别外露；附近有骚动及人多的地方，要特别小心，避免给小偷机会下手。

全球通的手机
切换T MOBILE系统
中国的全球通是最便宜的手机系统
给英国当地打电话3.5元/分钟；和国内通短信，2元左右（RMB）

打探伦敦物价

到了Hostel安置好，
决定去超市看一看。

这里没自由市场，路上看到几个这样的小超市，方便附近居民购物。

但我还是去了和家乐福差不多的大超市。

pizza我最爱啊！才6元钱，买！
晚上吃pizza……
超市半熟的食品很多，微波炉里转一下就可以吃。
不过……
£
RMB
£
RMB
£
RMB
RMB
啊！是60元人民币，不是6元……

蔬菜都是洗干净包好的
一盒黄瓜£3左右
一盒番茄£2左右
习惯了这样的换算方式，发现物价真高！对于刚才惊呼的60元钱披萨来说，那真是太便宜了。

虽然物价高些，
但还是有收获的！

20片白切片面包，30便士
打折罐头40便士

仔细算过，白面包可以当早饭，午饭外面吃，晚饭回去自己做。至于水，在hostel烧好灌进小瓶里，也可以省不少银子呢！

独行侠旅行小贴士

- 出门前要把不能随身携带的重要东西寄存或锁进保险箱。出门回来，要先检查行李。
- 把钱放在不同的地方，重要证件要贴身放。最好有两张银行卡，备用的卡藏在隐蔽的地方，旅行途中丢失的卡不易办理。
- 复印证件放在不同的地方，扫描重要的文件比如护照、身份证等等存在电子邮箱中，即使行李丢失，也能轻松找到自己的证件附件。
- 不要在公共电脑上登录银行账户。
- 行李不要离开自己的视线。

第一天住的hostel
你好，你也是中国人吧?!
嘿嘿，是啊，好巧哦。

闲聊中知道同是中国人的小鱼曾经在广州做设计，现在辞职了准备先走遍欧洲，再争取环游世界……

好伟大的想法啊！真有勇气！
走出第一步最难，走出来以后发现比想象中顺利些……

好有勇气啊，辞职旅行！出来这一趟我回去就要吃咸菜啦！！
你明天是要市内游吗？我们可以搭个伴呢！
好！

就这样，在陌生城市遇到了同胞，感到亲切又幸运，突然觉得不那么害怕了……

三 奥运会

伦敦奥运会什么时候举行？
2012年7月27日开幕，8月12日闭幕，历时17天。
伦敦奥运的口号是什么？
Inspire a generation（即“激励一代人”）。
伦敦奥运会都有什么比赛项目？
26个大项的比赛，分布于34个场馆。

如果你来看奥运

奥运会提倡的观念是循环，从交通工具到场馆建设。场馆内大部分的座位都是临时的。某一些场馆更是专为奥运而建的临时场馆，奥运会结束后将会拆掉，将材料用于其他建筑。

奥运期间到达场馆的交通选择

伦敦奥组委对奥运期间的交通，秉承“无障碍”的态度。提倡绿色出行，比如步行、公交巴士、地铁、或者官方大力推荐的单车。所以自行车在奥运期间的使用量会很大，伦敦市中心的伦敦运输中心提供租用自行车的服务。

奥运期间只提供少量的停车位，供残疾人和运动员使用，需要提前申请蓝色停车证。
申请停车位和查询巴士信息请至官网：
http://www.london2012.com

残疾人观看奥运可以购买轮椅空间票，即观赛的位置有特殊的安排，可以容纳轮椅。

另类住宿选择

住在家里

主要是寄宿在当地人家里，感受主人家的生活习惯，朋友，美食……如果想在这样的环境居住，需要到警视厅网站根据网站上的要求提前预定。网站：http://content.met.police.uk/Home

露营/营地

营地多驻在奥运场馆所在的公园，既有趣又便宜（价钱£10~£30不等），但要格外注意安全。即使选择露营，进入伦敦市中心的交通工具仍有很多选择性。露营需要登录网站提前预定：http://www.visitlondon.com
网站还有其他介绍，包括单租床位等等。

驻在伦敦市内的赛场

Olympic Village
Stratford City
Temporary Southern Spectator Transport Mall
Eton Manor
小轮车场
室内自行车馆
篮球馆
Sponsars Hospitality Zone
水上运动中心
水球馆
Temporary Northern Spectator Transport Mall
曲棍球中心
曲棍球中心
手球竞技场
奥林匹克体育场
Warm-up Area

场馆名称	比赛项目	地理位置
水上运动中心Aquatics-Centre	跳水，游泳，花样游泳，残奥会游泳比赛以及现代五项中的游泳比赛	奥林匹克公园东南角
篮球馆Basketball Arena	篮球，轮椅篮球，轮椅橄榄球和手球	奥林匹克公园北部
小轮车赛道BMXTrack	BMX小轮车	奥林匹克公园北部
伊顿庄园体育中心Eton-Manor（残奥会）	轮椅网球	奥林匹克公园北部
手球竞技场 HandballArena	手球，盲人门球和现代五项	奥林匹克公园西边
曲棍球中心 Hockey Centre	曲棍球及残奥会7人和5人制足球	奥林匹克公园内
奥林匹克体育场(伦敦碗)Olympic Stadium	奥运会和残奥会的田径比赛，开闭幕式	奥林匹克公园南边
室内自行车馆 Velodrome	场地自行车	奥林匹克公园北部
水球馆WaterPoloArena	水球	奥林匹克公园东南角，在奥林匹克体育场和水上运动中心旁

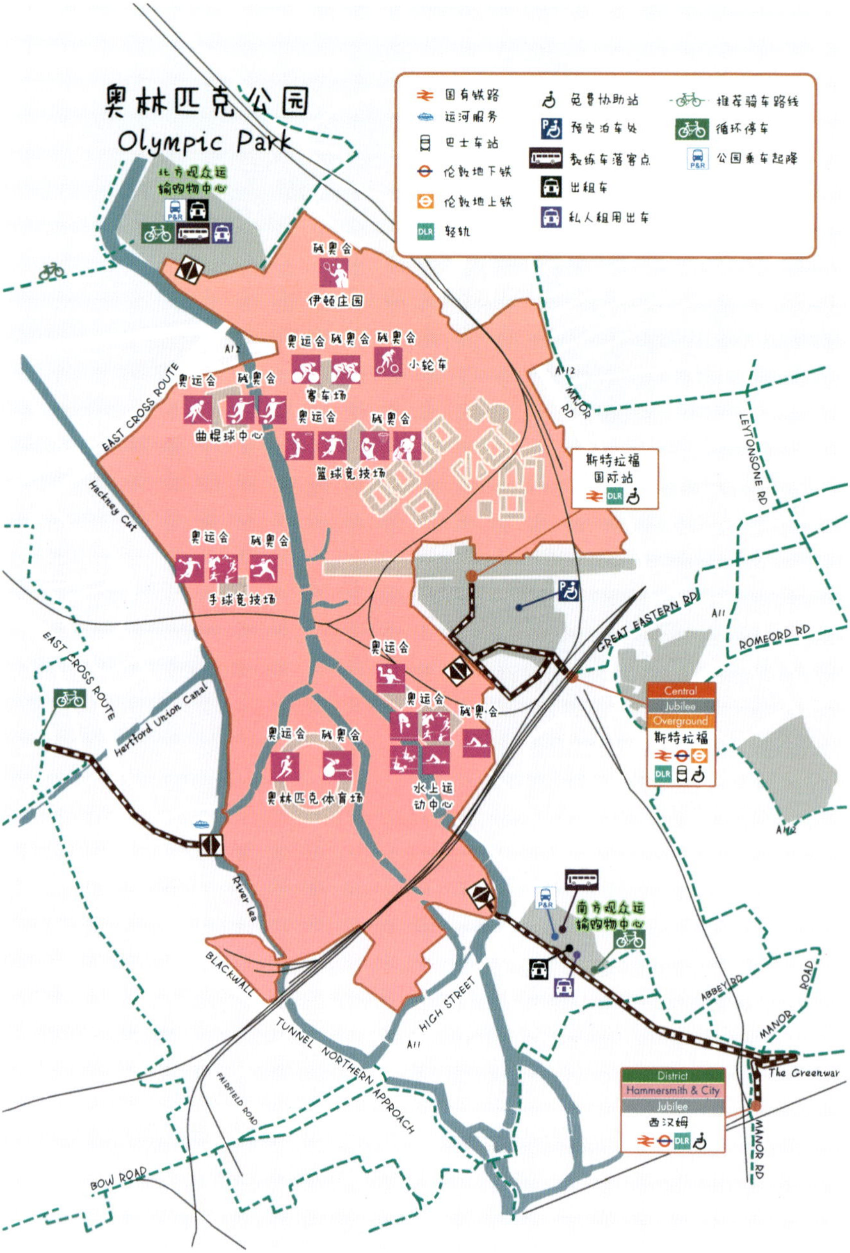
奥林匹克公园
Olympic Park
国有铁路
运河服务
巴士车站
伦敦地下铁
伦敦地上铁
DLR 轻轨
免费协助站
预定泊车处
教练车落客点
出租车
私人租用出车
推荐骑车路线
循环停车
公园乘车起降
北方观众运输购物中心
P&R
残奥会
伊顿庄园
奥运会 残奥会 残奥会
小轮车
赛车场
奥运会
残奥会
曲棍球中心
奥运会
残奥会
篮球竞技场
斯特拉福国际站
DLR
奥运会 残奥会
手球竞技场
奥运会
奥运会
残奥会
奥运会 残奥会
奥林匹克体育场
水上运动中心
Central
Jubilee
Overground
斯特拉福
DLR
南方观众运输购物中心
P&R
District
Hammersmith & City
Jubilee
西汉姆
DLR
A12
EAST CROSS ROUTE
Hackney Cut
A12
MAJOR RD
LEYTONSONE RD
GREAT EASTERN RD
A11
ROMEORD RD
A112
EAST CROSS ROUTE
Hertford Union Canal
River Lea
BLACKWALL
TUNNEL NORTHERN APPROACH
HIGH STREET
A11
FAIRFIELD ROAD
BOW ROAD
ABBEY RD
MANOR ROAD
The Greenway
MANOR RD

市内其他场馆

温布利体育馆
温布利体育场
霍洛威
Holloway
帕克罗亚尔
Park Royal
洛德板球场
伊斯林顿
伦敦自治市
Islington
Marylebone
伊斯特汉姆
East Ham
Excel 国际
展览中心
海德公园
公开场地
伦敦
London
皇家骑兵卫
队阅兵场
伯爵宫
兰贝斯
Lambth
北格林威
治体育馆
切尔西
Chesea
沃克斯霍尔
Vauxhall
坎伯韦尔
Camberwell
格林威治区
Greenwich
皇家炮兵军营
格林威
治公园

场馆名称	比赛项目	地理位置
阿尔斯库尔展览中心（伯爵宫Earls Court） http://www.eco.co.uk	排球	伯爵宫位于伦敦西区，靠近维多利亚和阿尔伯特博物馆及科学与自然历史博物馆。Piccadilly线或Distric线，在Earls Court站下。通过Warwick 路的出口就能找到
ExCeL国际展览中心 http://www.excel-london.co.uk	拳击，击剑，柔道，乒乓球，跆拳道，举重，摔跤，室外地滚球戏，残奥会乒乓球，残奥会举重，残奥会力量举重，坐式排球和轮椅击剑	ExCeL位于伦敦皇家维多利亚码头，靠近伦敦城市机场。乘坐DLR在Custom House for ExCeL (West)站或Prince Regent 站下
格林威治公园 Greenwich Park http://www.royalparks.gov.uk	场地障碍赛，盛装舞步赛，综合全能马术赛，残奥会的马术比赛	在伦敦东南部泰晤士河南岸，能在这里欣赏到伦敦市中心的美景。乘坐DLR在Cutty Sark for Maritime Greenwich 站或Greenwich站下
皇家骑兵卫队阅兵场 Horse Guards Parade	沙滩排球	位于英国政治中心的白厅中心，在唐宁街附近。Piccadilly 线Piccadilly Circus站或Charing Cross站下，Bakerloo线Piccadilly Circus站下，Northern线Charing Cross站下

场馆名称	比赛项目	地理位置
海德公园Hyde Park http://www.royalparks.gov.uk	马拉松游泳、 铁人三项	坐落在伦敦西区。火车前往可到London Paddington站或London Victoria站；地铁可选Piccadilly线，Hyde Park Corner站下。
劳德板球场 Lord's Cricket Ground http://www.lords.org	射箭	位于伦敦西北部，靠近摄政公园。地铁乘Jubilee线，St. John's Wood线。
北格林威治主场(O2体育场) North Greenwich Arena http://www.theo2.co.uk/	篮球、体操、蹦床	O2体育场在格林威治半岛、子午线右侧。火车到访可以查询一下Charlton站，或乘地铁Jubilee线，到Emirates Greenwich Peninsula站下。
皇家炮兵军营 The R.yal Artillery Barracks	奥运会射击比赛、残奥会射击比赛和箭术比赛	坐落于伦敦东南部的伍尔维奇，在伦敦东南格林威治公园附近。乘坐火车游客可以查询Woolwich Arsenal站，选择地铁，可选DLR线Woolwich Arsenal。
林荫路The Mall	马拉松、竞走、公路自行车	林荫路在伦敦市中心，是伦敦的一条马路，从西面的白金汉宫到东面的水师提督门（Admiralty Arch）和特拉法加广场（Trafalgar Square）
温布利体育馆 Wembley Arena http://www.wembleyarena.co.uk/	羽毛球、艺术体操	位于伦敦西北部，距离伦敦市中心仅6英里。坐落在温布利体育场旁。乘Jubilee线或者Metropolitan线，温布利公园下，出站后进入奥运之路隧道。当到达温布利大球场（不走坡道了），右转。温布利体育场坐落在马路对面。
温布利球场 Wembley Stadium http://wembleystadium.com/	足球	温布利球场在伦敦西北部。乘Jubilee线或者Metropolitan线，温布利公园下。
温布尔顿网球场 Wimbledon http://www.wimbledon.com/	网球	位于伦敦西南部，靠近里士满皇家公园和英国皇家植物园。选择District线在Wimbledon站或者Southfields站下；Northern线Tooting Broadway下；换乘巴士493。

市外场馆

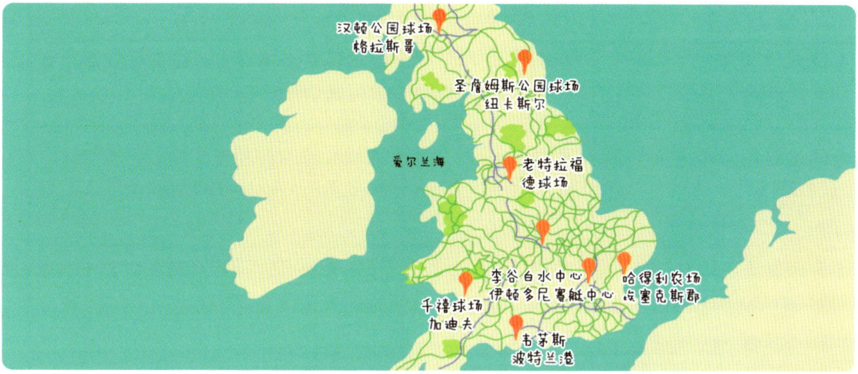
汉顿公园球场
格拉斯哥
圣詹姆斯公园球场
纽卡斯尔
爱尔兰海
老特拉福
德球场
李谷白水中心
伊顿多尼赛艇中心
哈得利农场
埃塞克斯郡
千禧球场
加迪夫
韦茅斯
波特兰港

场馆名称	比赛项目	地理位置
布兰兹-哈奇赛道 Brands Hatch http://www.brandshatch.co.uk/	残奥会公路自行车赛（公路赛和计时赛）	布兰兹-哈奇赛道位于肯特郡，只需1小时车程便可到达奥林匹克公园。乘火车到布兰兹哈奇，可以在Sevenoaks station下。
考文垂体育场，西米德兰郡 City of Coventry Stadium http://www.ccfc.co.uk	足球	体育场坐落于考文垂市中心附近。乘火车，车站有直接一条龙服务。
伊顿·多利体育场 Eton Dorney http://www.dorneylake.co.uk/	赛艇，残奥会赛艇和皮划艇静水赛	伊顿多尼赛艇中心位于伦敦以西25公里处，在温莎城堡附近。乘火车前往，在奥运期间有三个站点可提供访问，Slough站、Windsor & Eton Riverside站、Maidenhead站。
哈德利庄园，埃塞克斯郡 Hadleigh Farm http://www.hadleighfarm.co.uk/	山地自行车	位于伦敦东部埃塞克斯郡。 可乘坐火车，选择Leigh-on-Sea站。
汉普登公园球场，苏格兰 Hampden Park http://www.hampdenpark.co.uk	足球	球场在苏格兰格拉斯哥南部 乘坐火车到达Mount Florida站。
李谷白水中心Lee Valley White Water Centre http://www.leevalleypark.org.uk/whitewaterrafting/	皮划艇激流回旋	位于奥林匹克公园以北30公里的哈福德郡。乘坐火车可到Cheshunt站。

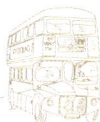

场馆名称	比赛项目	地理位置
千禧球场，威尔士Millennium Stadium	足球	位于威尔士加的夫、塔夫河沿岸。火车可选Cardiff Central 站
老特拉福德球场，曼彻斯特Old Trafford http://www.manutd.com/	足球	球场在曼彻斯特市中心。火车到达可参考Manchester Piccadilly站
圣詹姆斯公园球场，纽卡斯尔 St James' Park http://www.royalparks.gov.uk	足球	位于英格兰东北部的纽卡斯尔市市中心。火车可查询Newcastle Central站
韦茅斯和波特兰港 Weymouth and Portland http://www.visitweymouth.co.uk/	帆船和残奥会的帆船比赛	位于英格兰西南部的多赛特郡。乘坐火车可参考Weymouth station 站

火车票订票网站

www.nationalrailgamestravel.co.uk

关于地铁

灰色的Jubilee线，经过温布利地区、市中心、北格林威治、奥林匹克公园。斯特拉福德站就是奥林匹克公园的一部分。

蓝色的DLR线是伦敦东部的轻轨线路，北起奥林匹克公园，南到格林威治，几条支线上都有奥运场馆。

绿色的district西部站点上，分布着两个非常重要的奥运场馆——伯爵府站和温布尔顿站。

一天内观看多场比赛，需要在往返场馆间留出多长时间？

要在不同场馆间周转并且排队过安检，如观看两场比赛，间隔至少要预留2个小时左右。若赛场同在奥林匹克园区内，至少留出1小时。

我又看不懂，为什么要买票?!

- 奥运订票网站：
  http://london.caissa.com.cn/
  http://www.london2012.com/
- 襁褓中婴儿观看奥运会比赛也要购票，父母不能一票两用。

- 自行车比赛、铁人三项，还有马拉松比赛可免费观赛。

禁止带进观赛场的物品

酒精和非酒精饮料
食物
号角、哨子等助威器具
相机三脚架
与比赛无关国家的国旗
影响比赛的物品、热水瓶、保温壶
雨伞
我为什么不能带啊！我静音啊~~~
手机

四、梦想奥运

梦想奥运
吸引国人的赛事

首金

地点：皇家炮团军营

男子10m气手枪资格赛&决赛&颁奖仪式

女子10m气步枪资格赛&决赛&颁奖仪式

2012年7月28日08:15-16:00

看点：首枚金牌将在这个项目中产生，这两个项目都是中国代表团的传统优势项目。

乒乓球比赛看点：北京奥运会时，乒乓球比赛是先团体后单项，伦敦奥运会赛程改革，先比单项赛后团体；这对中国队惯于采用的集团作战方针造成一定影响，三名原本参加团体的选手，必须先在单项比赛中进行PK再转换组成团队一致对外。

乒乓球

7月28日至8月8日均有比赛

地点：ExCeL国际展览中心

女单1/4决赛

7月31日10:00～14:00

女单半决赛

7月31日16:00～18:00

男单1/4决赛

7月31日20:00～22:00

8月1日10:00～12:00

男单半决赛

8月1日14:30～16:30

男单铜牌赛&决赛

8月2日10:00～12:00

女单铜牌赛&决赛

8月2日14:30～16:30

女团1/4决赛

8月4日14:30～17:30

男团1/4决赛

8月5日10:00～13:00

女团半决赛

8月5日19:00～22:00

8月6日10:00～13:00

男团半决赛

8月6日14:30～17:30

8月6日19:00～22:00

女团决赛

8月7日15:30～18:30

男团决赛

8月8日15:30～18:30

啊!!中国队，
我好紧张啊！！！

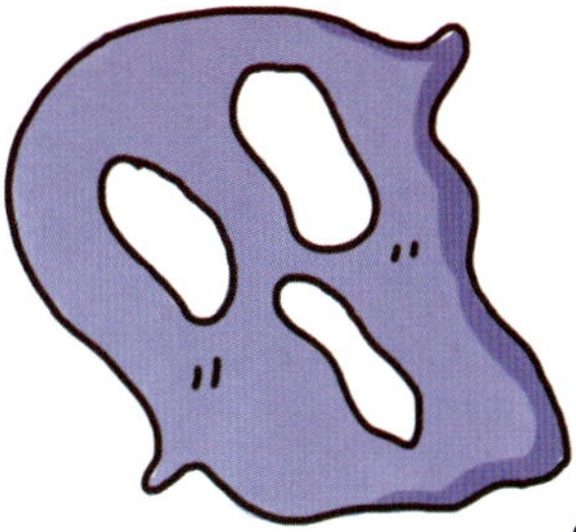

以往看比赛的囧样>>>>>

痛

羽毛球

7月28日~8月5日
地点：温布利体育场

男子单打1/16淘汰赛，
女子单打1/16淘汰赛，
男&女混合双打1/4决赛
8月1日9:00～11:00
男子双打1/4决赛
8月2日9:00～11:00
女子单打1/4决赛，
男&女混合双打半决赛
8月2日12:30～15:30
8月2日17:00～20:00
女子单打半决赛，
男&女混合双打铜牌赛
8月3日9:00～12:00
男子单打半决赛，
男女混合双打决赛
&颁奖仪式
8月3日13:30～17:00
男子双打半决赛，
女子双打铜牌赛
8月4日9:00～12:00
女子单打铜牌赛
&决赛&颁奖仪式，
女子双打决赛&颁奖仪式
8月4日13:30～17:00
男子单打铜牌赛，
男子双打铜牌赛
8月5日9:00～11:00
男子单打决赛&颁奖仪式，男子双打决赛&颁奖仪式
8月5日13:00～16:00

看点：伦敦奥运羽毛球比赛规则有变，以往的单打淘汰赛制改为小组赛和淘汰赛两个阶段。新规则降低比赛偶然性，避免出现类似悉尼奥运会、雅典奥运会时陶菲克、林丹意外出局的情况。男双，风云组合将遇到郑在成/李龙大、马基斯/亨德拉、鲍耶/摩根森，对国羽队来说，争夺金牌难度大。

游泳

7月28日~8月10日
地点:水上运动中心

男子100米蛙泳半决赛，男子400米自由泳决赛&颁奖仪式，男子400米个人混合泳决赛&颁奖仪式，女子100米蝶泳半决赛，女子400米个人混合泳决赛&颁奖仪式，女子4×100米自由泳接力决赛&颁奖仪式
7月28日19:30—21:35
男子100米仰泳半决赛，男子200米自由泳半决赛，男子100米蛙泳决赛&颁奖仪式，男子4×100米自由泳接力决赛&颁奖仪式，女子100米仰泳半决赛，女子100米蛙泳半决赛，女子100米蝶泳决赛&颁奖仪式，女子400米自由泳决赛&颁奖仪式
7月29日19:30～21:35
看点：菲尔普斯曾宣布伦敦奥运会将是其最后一次参加的奥运会，有望出现菲尔普斯、罗切特和索普之间的三英大战。
男子200米蝶泳半决赛，男子100米仰泳决赛&颁奖仪式，男子200米自由泳决赛&颁奖仪式，女子200米自由泳半决赛，女子200米个人混合泳半决赛，女子100米仰泳决赛&颁奖仪式，女子100米蛙泳决赛&颁奖仪式
7月30日19:30～21:15
男子400米自由泳预赛
7月28日10:00开始
男子400米自由泳决赛&颁奖仪式
7月28日19:30开始
看点：张琳以3分42秒44获得北京奥运会男子400米自由泳亚军实现零突破。
女子200米自由泳预赛
7月30日10:00开始
女子200米蝶泳决赛&颁奖仪式
8月1日19:30开始
看点：刘子歌在上届奥运会的女子200米蝶泳比赛中获金牌。
4×100米自由泳接力预赛
7月28日 10:00～13:00
女子4×100米自由泳接力决赛&颁奖仪式
7月28日 19:30～21:35
女子4×200米自由泳接力预赛
8月1日10:00～13:05

女子4×200米自由泳接力决赛&颁奖仪式

8月1日 19:30~21:35

这两个项目，在世界上颇具竞争力

网球

7月28日~8月5日

地点：温布尔顿网球场-1号场地

看点：李娜将是女单金牌的有力争夺者。

跳水7月29日~8月12日

地点：水上运动中心

女子双人3米跳板决赛&颁奖仪式

7月29日15:00~16:10

男子双人10米跳台决赛&颁奖仪式

7月30日15:00~16:15

女子双人10米跳台决赛&颁奖仪式

7月31日15:00~16:15

男子双人3米跳板决赛&颁奖仪式

8月1日15:00~16:15

女子3米跳板决赛&颁奖仪式

8月5日19:30~20:30

男子3米跳板决赛&颁奖仪式

8月7日19:00~21:00

女子10米跳台决赛&颁奖仪式

8月9日19:00~20:30

男子10米跳台决赛&颁奖仪式

8月11日20:30~22:10

看点：中国跳水"梦之队"在2008年北京奥运会最后一跳失误痛失金牌。中国男队单人3米跳板项目会继续使用以前动作的难度系数，以保证稳定性。

田径

8月3日~8月12日

地点：奥林匹克体育场(伦敦碗)

男子110米栏第一轮

8月7日10:00~12:35

男子110米栏半决赛&决赛

8月8日18:00~21:55

体操

竞技体操

7月28日~8月7日

地点：北格林威治体育馆

男子团体决赛&颁奖仪式

7月30日16:30~19:30

女子团体决赛&颁奖仪式

7月31日16:30~18:40

男子个人全能决赛&颁奖仪式

8月1日16:30~19:35

女子个人全能决赛&颁奖仪式

8月2日16:30~18:30

男子自由体操决赛&颁奖仪式，男子鞍马决赛&颁奖仪式，女子跳马决赛&颁奖仪式

8月5日14:00~16:15

男子吊环决赛&颁奖仪式

男子跳马决赛&颁奖仪式

女子高低杠决赛&颁奖仪式

8月6日14:00~16:20

男子单杠决赛&颁奖仪式

男子双杠决赛&颁奖仪式

女子平衡木决赛&颁奖仪式

女子自由体操决赛&颁奖仪式

8月7日14:00~17:05

艺术体操

8月9日~8月12日

地点：温布利体育场

个人全能资格赛第1、2轮团体全能资格赛第1轮

8月9日12:00~16:10

个人全能资格赛第3、4轮团体全能资格赛第2轮

8月10日12:00~16:10

女子个人全能决赛&颁奖仪式

8月11日13:30~16:05

团体全能决赛&颁奖仪式

8月12日13:30~15:10

体操-蹦床8月3日~8月4日

北格林威治体育馆

男子资格赛&决赛&颁奖仪式

8月3日14:00~16:15

女子资格赛&决赛&颁奖仪式

8月4日14:00~16:15

拧
超紧张

五、玩转伦敦

伦敦行程建议

地铁Piccadilly 线到海德公园东南角（Hyde Park Corner）下车

威斯敏斯特区：海德公园 →（步行）卫兵交接 →（步行）白金汉宫 →（步行）国会大厦 →（步行）特拉法尔加广场 →（地铁）泰晤士河南岸 →（步行）伦敦眼

在特拉法加广场旁的Charing Ccross站搭乘地铁到南岸Waterloo下车

地铁前往南肯辛顿的博物馆区

搭乘Piccadilly线到大英博物馆

肯辛顿/卡姆登区：骑士桥博物馆区 →（地铁）大英博物馆 →（步行）柯芬园 →（步行）莱斯特广场 → 音乐剧之夜

地铁至圣保罗大教堂

西堤区/南岸区：圣保罗大教堂 →（步行）千禧桥 →（步行）泰特现代美术馆
莎士比亚环球剧场 →（步行）海斯商场 →（步行）市政厅 →（步行）伦敦塔桥 →（步行）伦敦塔

轻轨（DLR）前往2区3区边缘的格林威治

格林威治：伦敦市区 →（轻轨）格林威治 → 卡提沙克号 →（步行）旧皇家海军学院 →（步行）国家海事博物馆 →（步行）格林威治集市 →（搭船）伦敦市区

威斯敏斯特区

今天要去看大阅兵，阅兵队出发的林荫路正是8月的奥运赛场。

马拉松、竞走、
公路自行车
沙滩排球
林荫路
圣詹姆
斯宫
马警卫
游行
圣詹姆
斯公园

11点多，往白金汉宫走正好看到马车，观看白金汉宫的**换岗仪式**是到伦敦旅游一个必看的项目。

5~7月每天11:30举行，其他月份隔日举行。遇到天气情况或皇家节庆也可能停止。咨询电话：（0）20 7766 7300

马车很有皇家范儿~

想有好位置观看仪式，一定要提前去“占坑”。如果来不及去国宴厅可以在The Mall大道上的圣詹姆斯宫（St.James’s Palace）看队伍出发。

我在这里啊
乐队走在前面，护卫队在后面

外国人好高大…
是啊!

我们发现队列外形的整齐度很低，高矮胖瘦都有。可能虽然王室被大部分英国人接受，但愿意为王室工作的却不多。

换岗ing

仪式结束后，皇家乐队还会演奏一些优美的乐曲，不知道每天面对这么多世界各地游客他们会不会紧张……

意外发现的
小知识：

Life Guards
禁卫兵骑兵团

The Royal
Horse Guards
皇家骑兵卫队

白金汉宫

如果女王在白金汉宫中，皇宫正门上方就会悬挂国旗。

仪式结束后的白金汉宫，依然没有平静。音乐厅和国宴厅是开放的，可供游人参观，虽然一票难求，但仍有不少人开始了他们新的发现之旅。

离白金汉宫不远有一间名叫伦敦丽兹的酒店，超级有名！很多人喜欢来这喝下午茶，需要正装，重点是36英镑(约合人民币381元)一位，穷游旅人只能YY一下了。

国会大厦/大本钟

House of Parliament Big Ben

Big Ben

国会大厦/大本钟

House of Parliament Big Ben

如何到达：Westminster 地铁站3号出口（Circle、District、Jubilee线）

地址：House of Parliament，SW1A 0PW

电话：（0）20 7219 4272

导游：每年7~10月周一至周六9:15~16:30，周日以及法定假日休息。每年导游行程举办时间日期大约3月时会在网站上公布。导游行程£14起

网站：www.parliament.uk

伦敦地标性建筑，重达14吨，每到整点敲响一次共鸣钟，另外有4个小钟每隔15分钟响一次。

你怎么总盯着手机看啊？
我用北京时间和它较量一下……
斗志太强了吧！

这个是世界有名的摩天轮，听说能见度、舒适度、品质感都值得一试！
摩天轮嘛，我也坐过。
135M

伦敦眼London Eye

如何到达：从Waterloo站下（Jubilee、Northern、Bakerloo线）步行5分钟，或Westminster地铁站出，跨越泰晤士河

地址：Westminster Bridge Road.SE1 7PB

电话：（0）870 990 8883

于是我们也坐上了世界闻名的伦敦眼

标准票价：成人£18.9，未成年人(4–15岁)£9.9，4岁以下免费，官网订票可享受8折优惠。
www.londoneye.com

开始啦~

伦敦眼开放时间：

1~3月 10:00~20:30　4~6月 10:00~21:00

7~8月 10:00~21:30　9~12月 10:00 ~20:30

特殊日期开放

2012年2月29日 10:00 ~ 20:00

复活节（3月31日~4月15日）10:00 ~21:30

5月和6月的星期五、星期六
上午10:00~晚上9:30

6月2~10日 10:00 ~21:30

夏季奥运会2012年
（7月27日 ~8月12日）
上午10:00 ~ 上午12:00

2012年12月24日 10:00 ~ 17:30

2012年12月25日（圣诞节） 关闭

2012年12月31日止（除夕） 10:00 ~15:00

从胶囊出来的时候巧看到一个坐轮椅的朋友。有轮椅进出时伦敦眼是静止的。“无碍”的人性化服务确让人感动。

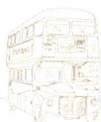

威斯敏斯特修道院
又叫西敏寺

这一区的其他景点：

威斯敏斯特修道院
Westminster Abbey

英国皇室重要活动都在这里举行，比如，英皇登基大典。

如何到达：Westminster地铁站出（Circle、District、Jubilee线）沿Victoria Street向西步行5分钟。地址：20 Dean's Yard, London SW1

电话：(0)20 7222 5152

教堂票价：成人£16，年满18岁的学生£13，11~18岁学生£6（门票含博物馆参观）周一至周五（周三除外）9:30～16:30（最后入场时间下午15:30），（星期三）9:30～19:00（最后入场时间18:00，团队最后入场15:30）星期六9:30~14:30（最后入场时间13:30），6~9月最后入场时间15:30，周日不接受访问。网站：http://www.westminster-abbey.org

威斯敏斯特区
Piccadilly Circus
国家艺廊 National Gallery
Browns
英国游客中心
Charing Cross
Embankment
The Metropolitan
Green Park
Piccadilly
白厅 Whitechapel
The Mall
国宴厅 Banqueting House
首相官邸10
Downing Street
The Ministry of Defence
Four seasons hotel
Hotel Inter-Continental
Apsley House
Hyde Park Corner
Wellington Monument
St.James's Palace
Cabint War Rooms
伦敦眼 London Eye
Premier Inn
圣詹姆斯公园 St.James's Park
白金汉宫花园 Buckingham Palace Gardens
白金汉宫 Buckingham Palace
Birdcage Walk
London Aquarium
大本钟 Big Ben
The Halkin
Belgrave Square
St James Park
威斯敏斯特修道院 Westminster Abbey
国会大厦 Houses of Parliament
女王艺廊 Queen's Gallery
Embassy of Norway
Victoria St
Market
Great Peter St
Horseferry Rd
Museum of Garden History
Lambeth Bridge
Victoria (Express Link to Gatwick)
Grange Rochester Hotel
Page St
Vincent St
Victoria Coach Station
Elizabeth Bridge
Elizabeth Hotel
Elizabeth House (YMCA)
泰特美术馆 Tate Britain
Pimlico
景点 饭店 火车站 博物馆 教堂
游客中心 政府机关 巴士站 地铁

圣詹姆斯公园
St.James's Park

伦敦市中心最美丽的花园

如何前往：St.James Park地铁站（Circle、District线）往Broadway方向出站，向北步行3分钟。地址：Horse Guards Parade, St. James's, SW1A 2BJ

电话：（0）20 7930 1793 票价：免费

网站：www.royalparks.gov.uk

国家艺廊National Gallery

如何到达：Charing Cross地铁站（Northern、Bakerloo线）6号出口往Trafalgar Square方向出站。地址：Trafalgar Sq., WC2N 5DN.

电话：（0）20 7747 2885

票价：免费，特战除外。

开放时间：10:00~18:00（周五至21:00），1月1日及12月24~26日休馆。

网站：www.nationalgallery.org.uk

泰特美术馆
Tate Britain

如何到达：Pimlico地铁站出（Victoria线），向北沿John Islip Street步行8分钟。公交车可选择：2，3，C10，36，77A，88，159，185，436，507。

地址：Millbank, London, SW1P 4RG

电话：（0）20 7887 8000

开放时间：每日 10:00~17:50，最后入场时间17:15；每月第一个周五延长至21:00，12月24~26日休息。

票价：免费，特展除外。

网站：www.tate.org.uk

因为备战奥运，伦敦很多地方都在维修，地铁也不例外，所以不得已我们要坐公交车呢……

呃…这个…
Excuse me,
yes?
哎呦~我问不明白，你来吧……
呃……
Hello~could you tell me, where is the station…呃…about cl
Wow…let me see……

Oh, thank you very much! bye...
Bye!
啊?问完啦?我都没听懂讲什么啊?!
沿着这条路就可以啦!
嗯嗯……
其实英语就是交流工具，不用考虑语法对不对，只要对方能听懂就可以了。刚才你可能太紧张啦!

被囚禁的文明

大英博物馆British Museum

如何到达：乘地铁可在距离大英博物馆最近的站：Holborn（500m），Russell Square（800m）或Goodge Street（800m）下车，出站后步行就可以到达。公交车：1，7，8，19，25，38，55，98，242在新牛津街下车 0，14，24，29，73，134，390北行在Tottenham Court Road下车，南行在Gower Street下车 59，68，X68，91，168，188在Southampton Row下车。

地址：Great Russell Street, London WC1B 3DG
电话(0) 20 7636 1555
开放时间：10:00~17:30 每个星期五，大英博物馆的开放时间延长至20:30，元旦、12月24~26日休息。票价：免费
中文导游：成人：£4.5 会员、学生、失业者、13-18岁：£4 未满12岁者：£3
网站：www.britishmuseum.org

展厅共有92个？
认真看完这些展厅，我估计1个月的时间也不够吧？！
门口取的地图

下午小鱼要去高地，而我也有其他安排，因此就挑了最重要的地方看。

我们选择了埃及、希腊、罗马和中国。大英博物馆是英国最大的综合性博物馆，亦是世界上著名博物馆之一。

馆内的藏品如此丰富，大部分是英国在18世纪至19世纪的对外战争中得来，比如希腊、埃及、中国等。

中国展馆有两千多件藏品，最为名贵的有《女史箴图》、宋罗汉三彩像、敦煌经卷和敦煌壁画，等等……根本数不过来，感觉他们像被囚禁了一样，不知道什么时候才能回家。心情很复杂，更多的是心酸……

你们什么时候
才能回家?!

柯芬园广场Covent Garden

从Covent Garden地铁站出（Piccadilly线）步行1分钟即可到达。www.covent-garden.co.uk

这几条路选哪条咧？
原来Covent Garden不是公园啊……
您好，请问您Covent Garden怎么走呢？
这里就是啊！
终于顺利和外国人交流了……

原来是“只缘身在此山中”啊……
整个地方就像是个迷宫，商铺非常多，美体小铺(body shop)价格比中国便宜，除了小古玩，衣服，工艺品还有水果摊和小吃摊。

据说柯芬园总能接受不同设计感的事物，特别受设计师欢迎，一切都那么理所当然。

很难控制买东西的欲望，匆匆逛了一圈就准备去下一目标了。

made in china
瓶底
战利品
调味瓶
眼霜
可是小罐刚出国就又要被我带回去呢……

莱特斯广场 Leicester Square

从Leicester Square 地铁站出(Piccadilly、Northern线)

这是伦敦最著名的戏院区，有差不多40家剧院，广场上少不了的还有莎士比亚的雕像。除了商店、剧院，书店也很多，多数都是卖文学作品。

倫敦華埠
这里就是中国城吗？

还以为能像王府井，结果完全不一样……

中国城China Town

在leicester square随便一条巷子右转都可以抵达

伦敦人民公社
开门啦

不知道是不是特意模仿中国风的店，伦敦人民公社，英文叫Baozi Inn（包子客栈）。

虽然是旅行，但身在异乡有点孤独，也很害怕。中国风的小店让人想家啊……
CHINA BUFFET £8.90
所以决定大吃一顿，化思念为食欲……

哥们儿，你吃的可是艺术品呢！
好吃！
我知道老外们很喜欢那些纯手工制作的港式小点心，很想看看他们吃点心的满足又惊讶的表情。

看清现实和荷包…还是相对便宜的叉烧饭适合我啊！

第一次感受歌剧

观看歌剧的人们穿得都比较正式。据说伦敦人爱看戏和天津人爱听相声差不多。我坐在最后一排，比较偏僻的位置。

歌剧院的座位都颇有讲究：最接近舞台的平面称为Stall，二楼为Dress Circle或者Royal Circle，三楼是Grand Circle 或者 Upper Circle 最后是Balcony或者Gallery 。如果票上有Restricted View字样表示部分视线会受到阻挡，票价自然也便宜一些。

进场时看到几个太太，打扮得超隆重，还拿了望远镜，一看就是看歌剧的常客。

观众素质高，开幕铃声一响，剧场立马鸦雀无声。我看的是世界著名歌剧PHANTOM OF THE OPERA，翻译过来应该是《歌剧院魅影》。

虽然听不懂，但载歌载舞，还有演员们激情投入，舞台效果，都称得上十全十美……让人着迷……

忍

我很沉醉……但却一直被想去卫生间的状态折磨着……看见大家看得那么认真，实在不好意思起身打断他们……

晚上出来安全最重要。坐有牌照的出租车比巴士安全，如果坐巴士也不要坐在上层……牢记牢记!!
自备小外套，抵抗夜晚微凉的天气……

英国法律规定不可以随身携带自卫性武器。如果遇到紧急事件，可拨打999~

话剧购票

可以直接够买或网络订票，莱斯特广场旁边有个半价票亭(tkts Booth Leister Square)这个票亭的主人是伦敦戏院，里面会出售当天没卖出的票，有7.5折，另收£2.5手续费。营业时间周一至周六10:00~19:00，很抢手，需要早点去。另外，这里不能选择位置。

网站：www.londontheatre.co.uk

www.officiallondontheatre.co.uk

索霍区&卡姆登区
往狄更斯故居博物馆
Paper Chase
大英博物馆
The British Museum
Goodge Street
Myhotel Bloomsbury (My bar)
Tottenham Court Rd
GT Russell St
High Holborn
The kenilworth
Holborn
New Oxford St
QC
Oxford St.
Tottenham Court Road
Charing Cross Rd
Shaftesbury Av
Kingsway
Lincoln's Inn Field
Endell St.
Wild St.
Neal St.
Drury Lane
Creek St
Deam St.
Monmouth St.
Covent Garden
Aldwych
皇家剧院
Magma
Long Acre
Warehouse
伦敦交通博物馆
中国城
Chinatown
柯芬园广场
OneAldwych
Lisle St
Leicester Square
Bedford St.
Maiden Lane
Somerset House
Misate
Strand
Piccadilly Circus
Cool Britannia
Haymarket
Willam TV St.
Adam St.
The Savoy
Lancaster Pl
Waterloo Bridge
Veeraswamy
国家艺廊
National Gallery
Charing Cross
Charing Corss Station
景点 饭店 餐厅 博物馆 商店 剧院

这一区的其他景点

国王十字车站

king's Cross Station

乘坐地铁在king's Cross 下车。

网站kingscrossstation.com

PLATFORM 9¾

西堤区与东区

The city & East End

商业金融重地
教堂曾在1981年举行黛安娜王妃和查尔斯王子的婚礼。定时的祈祷活动，游客也可以参加。

圣保罗大教堂
St. PaulCathedral

如何到达：地铁，St.Paul 地铁站后方（Central线）。巴士，4，11，15，23，25，26，100，242。地址：St.Paul's Churchyard, EC4M 8AD 电话：(0)20 7236 4128 开放时间：周一至周六8:30~16:00 票价：成人£14.5，学生£13.5，儿童£5.5 网站：www.stpauls.co.uk

高180米共42层

瑞士保险总部
Swiss Re Headquarters

如何到达：从Bank地铁站出（Northern，Central）沿Leadenhall Street向东步行10分钟即可看见。

地址：30，St,Mary Axe，City of London

大楼外观全是玻璃，但内部却是螺旋状的光井，所以光线不是直接照射，很想进去看一看，可是不对外开放……

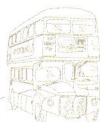

砖块街Brick Lane

从liverpool Street地铁站Bishopsgate出口至地面，跟随史帕特集市(Spitalfields Market)路标，沿Brushfield Street走到底，走上Fournier Street后可抵达。

AL HALAL FRIED CHICKEN

BRICK LANE E1

这里是孟加拉国移民区的大本营，传说中的印巴区。连指示牌也都是英文加孟加拉文。街上可以看到香料店，服饰店，印度纱丽布店，饰品店，甚至有美甲的小摊。

除了小店，还有墙上涂鸦，沿街演唱的疯狂乐队，印度咖喱饭以及非常多的潮人……

街边有很多二手小摊，卖衣服和各种小物件

听说在街边摆摊是不被允许的，每天两个时段会有城管。
全能摊主
警惕性高
跑得快

£1~£2就能买一件衣服，都非常有特色

哎呀！欧洲人太高大了……

失败的砍价
欢迎选购
£18
多少钱？
£13
£12
£17
£17
然后就是一番讨价还价……
我还就不信了……
不卖了！
店主对于砍价这件事很不满，嫌我砍得太多，她真不高兴了。

伦敦塔 Tower of London VS 伦敦塔桥 Tower Bridge

如何抵达：从Tower Hill地铁站(Circle、District线)出站后左转就会看到目标，穿过地下通道步行2分钟会到达伦敦塔；向河边步行5分钟会到达伦敦塔桥。

伦敦塔地址：Tower Hill, EC3N 4AB 电话：(0) 844 482 7799 票价：成人：£19.8，学生或60岁以上老人：£17.05，16岁以下：£10.45。开放时间：3月1日~10月31日 周二~周六：9:00~17:30；周日~周一：10:00~17:30；最后入场时间：17:00。11月1日~2月29日 周二~周六：9:0~16:30；周日~周一：10:00~16:30。最后入场时间：17:00。网址：www.hrp.org.uk

伦敦塔内的每一座塔都有它特有的收藏和典故

伦敦塔桥高40米，宽60米，如此庞然大物升起时间却只需要1分钟……

想让他帮忙照张相……，
呃，可是看起来好严肃，
不像好人诶……攻略上说
不要惹印巴人……不知道
他是哪里人啊。
嗨，你是中国人吧？
是想拍照吗?!我可以
帮你……
你好！
太热情了，幸好我
没说他像坏人，原
来他听得懂啊！

伦敦塔桥地址：Tower Bridge Road，SE1 2UP

博物馆票价：成人£8，学生£5.6，16岁以下£3.4，5岁以下免费。开放时间：4～9月10:00～18:00最后入场时间17:30。3～10月 9:30～17:30最后入场时间17:00

网站：www.towerbridge.org.uk

西堤区与东区
Old Street
Old Street
Leonard St.
Luke St.
Scrutton St.
Tabernacle St.
Curtain Rd.
Great Eastern
Beathnal Green Road
Scrater Street
Great Sutton St.
Whitecross St.
Golden Lane
Bunhill Row
Paul St.
Clifton St.
Worship St.
Christpher St.
Brick Lane 砖块街
Rokit
Heba
黑鹰酒厂
Black Eagle Brewery
Barbican
BarBican
Beech St
Chiswell St
City Rd
Barbican Centre
史派特集市
Spitalfields Market
rude
Hanbury St.
Brush Field St.
St.John
Osborn St.
Smithfield Market
Moorgate
Fore St.
Liverpool Street Sta.
Andaz
Liverpool Street
Liverpool Street
Spitalfields
Wentworth St.
Museum of London
London Wall
Wood St.
Aldermanbury
Moorgate
Copthall Av.
Worm Wood St.
Houndsditch
Middlesex St.
Bell Lane
Gresham St
Guidhall Art Museum
Bishopsgate
瑞士保险总部
Swiss Re Headquarters
Newgate St.
St.Paul's
英格兰银行博物馆
Bank of England
皇家交易所
Royal Exchange
Aldgate
Braham St.
Cheapside
Bank
Leadenhall St.
St. katharine Cree
圣保罗大教堂
St. Paul's Cathedral
Watling St.
YH
罗意德保险协会大楼
Lloyd's of London
Fenchurch St.
Mansion House
Gracechurch St.
District Line
Cannon St.
Monument
Fenchuro Street Sta.
Prescot
Tower Gateway
DLR Sta.
纪念塔
TheMonument
Tower Hill
Cartwright St.
千禧桥
Millennium Bridge
Southwark Bridge
Cannon Street Sta.
London Bridge
Northern Line
River Thames
伦敦塔 Tower of London
St.kathorine Docks
莎士比亚环球剧场
Globe Theatre
London Bridge
City Pier
Hms Belfast
景点 剧场 游客中心 餐厅 商店
饭店 火车站 博物馆 码头 地铁

这一区还有博物馆值得看，
重点是它是免费的。

皇家交易所/英格兰银行博物馆

Royal Exchange /Bank of England

如何到达：Bank地铁站出（Northern，Central线）。地址：Bartholomew Lane EC2R 8AH

电话：(0)20 7601 5545 开放时间：皇家交易所不对外开放，英格兰银行博物馆，周一至周五 10:00~17:00

网站：www.bankofengland.co.uk

皇家交易所正前方有一个小广场，19世纪英国最早的男性公厕建在这里。

南岸区Southwark

市政厅
City Hall

我们马上要去的景点是市政厅。伦敦政府认为市政厅不仅是一个办公的地方，也是一个伟大的景点。一共10层，比同规模的建筑节省了3/4的能源。更惊人的是它利用地下水让建筑冷却，这个设计使市政厅不需要任何冷气设备，而冷却后的水被用来冲马桶，不止这些，计算机与电灯所产生的热气也被循环利用了。

跟着旅行团偷听……

地址：Greater London Authority, City Hall, The Queen's Walk, More London, London SE1 2AA

开放时间：周一至周四8:30~18:00，周五8:30~17:30:。电话：（0）020 7983 4000

网站：http://www.london.gov.uk/

千禧桥Millennium Bridge & 泰特现代美术馆Tate Modern

如何到达：Mansion House 地铁站出(District and Circle线)，步行约5分钟。地址：Bankside,Queen Viictoria Street, Stree, Southwark SE1

伦敦第一座为行人开通的步行桥

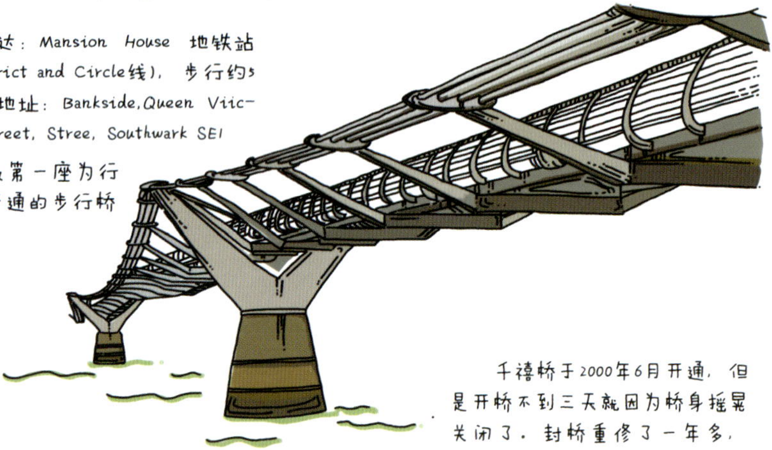

千禧桥于2000年6月开通，但是开桥不到三天就因为桥身摇晃关闭了。封桥重修了一年多，2002年2月重新开放。

如何到达：Mansion House 地铁站出(District and Circle线)往千禧桥方向步行5分钟，或者在Southwark地铁站出（Jubilee）沿着指示牌走就就可以找到。公交车：RV1，45，63，100，381，34 地址:Bankside,SE1 9TG 电话:(0)20 7887 8888
票价：免费 开放时间：周日至周四10:00~18:00 周五至周六 10:00~22:00
最后进馆时间，闭馆前45分钟，12月24～26日不开放。网站:www.tate.org.uk

Tate Modern原型是废旧厂房，设计者是北京奥林匹克场馆的设计师赫尔佐格。每天来参观的人很多，足以证明它的名气。

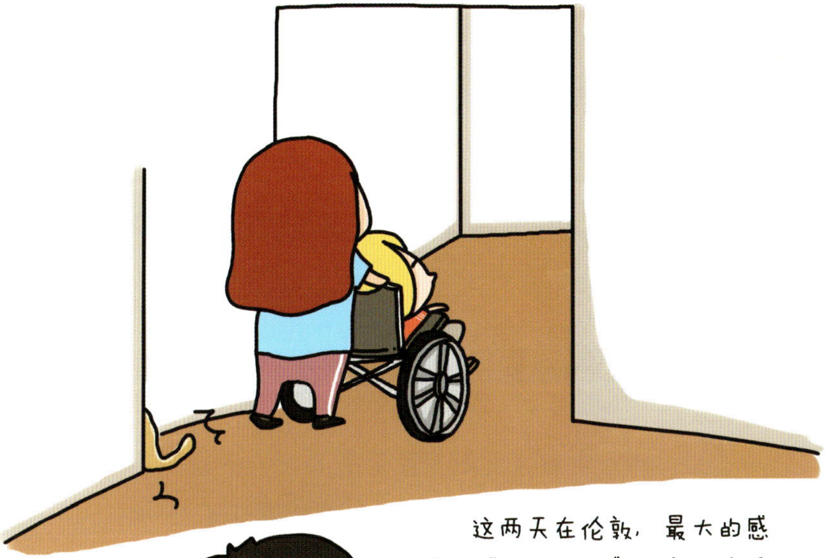

这两天在伦敦，最大的感受就是人们对博物馆的热爱和博物馆里无障碍服务的周到。

我好像看见一只狗！

太不自觉了吧！博物馆里怎么可以带宠物……

走近才发现，原来是盲人，牵着导盲犬来参观。旁边大概是她的朋友，不厌其烦地为她描述着…

其他值得观赏的景点

设计博物馆Design Museum

如何到达：从伦敦塔南端走下石梯后，沿着Shad Thames 路往东走。

地址：28 Shad Thames, London SE1 2YD

电话：（0）20 940 8790

开放时间：每周10:00~17:45 最后入场时间 17:15，12月25~26日休息。

票价：成人£8.5 学生£5

网址：www.designmuseum.org

莎士比亚环球剧场

Shakespeare's Globe Theatre

如何到达：Mansion House 地铁站出(District and Circle线)往千禧桥方向。

地址：21 New Globe Walk, Bankside

电话：(0)20 7902 1400

购票专线：020 7401 9919

展览时间:9:00~17:00

导游时间不定，需要先电话咨询

展览+剧院导游 成人：£10.5，学生：£8.5 未成年人(16岁以下)£6.5

网址：www. Shakespeares-globe.org

因为禁止吸烟

鱼和薯条
开动！
嗯？为什么那桌没有人，还要上餐啊？
不是的，那桌客人去后院吸烟了！
刚才那桌好像没人来，看见你们上餐了，是不是弄错啦？

原来如此啊……

如果你爱吸烟，
我要告诉你：

英国有严格的戒烟条例，禁止任何人在室内或禁烟区吸烟，违者罚款50英镑（约500元人民币）；禁烟场所没有贴出“禁止吸烟”标志，该场所将被罚款200英镑到1000英镑；对吸烟者违反条例却不制止的业主或雇主将面临最高可达2500英镑的罚款！

史派特集市Spitalfields Market

Liverpool Street地铁站向Bishopsgate方向至地面，向左走至Brush Field St右转。周二至周五10:00~16:00 周日：9:00~17:00周六休息。

我想看看那个！
欢迎光临！
我想看看是不是印度的包包……
有什么不妥吗？
找个借口
那我就要这个了！
这是我的原创作品哦！
集市里有很多手工艺人

其实只是在检验是不是made in china……如果是中国制造，买自己国出品的东西要交税心里实在不平衡啊……

square

整个市场在类似一个工厂的地方，里面安置着数不清的小摊子，周四是古董和二手交易。我对这里充满好奇，除了独立创作者的作品，还卖各种奇特小玩意，也有食物，简直要什么有什么……

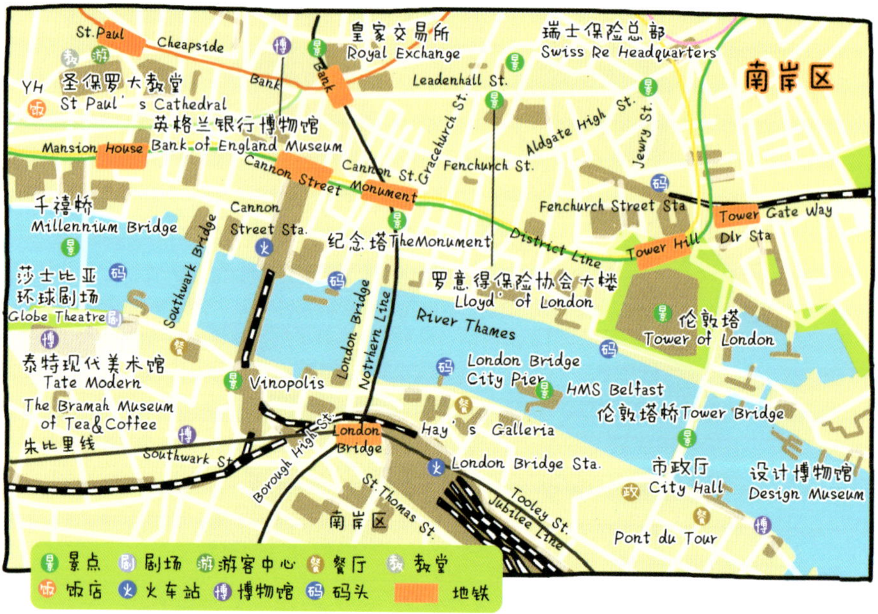
南岸区
St.Paul
Cheapside
皇家交易所
Royal Exchange
瑞士保险总部
Swiss Re Headquarters
Bank
YH
圣保罗大教堂
St Paul's Cathedral
Leadenhall St.
Gracechurch St.
Aldgate High St.
Jewry St.
英格兰银行博物馆
Bank of England Museum
Mansion House
Cannon Street
Cannon St.
Fenchurch St.
Monument
千禧桥
Millennium Bridge
Cannon Street Sta.
Fenchurch Street Sta.
Tower Gate Way Dlr Sta
纪念塔TheMonument
District Line
Tower Hill
莎士比亚环球剧场
Globe Theatre
Southwark Bridge
罗意得保险协会大楼
Lloyd's of London
London Bridge
Notrhern Line
River Thames
伦敦塔
Tower of London
泰特现代美术馆
Tate Modern
London Bridge City Pier
HMS Belfast
Vinopolis
The Bramah Museum of Tea&Coffee
伦敦塔桥Tower Bridge
朱比里线
Hay's Galleria
London Bridge
Southwark St.
Borough High St.
London Bridge Sta.
市政厅
City Hall
设计博物馆
Design Museum
St.Thomas St.
Tooley St.
Jubilee Line
南岸区
Pont du Tour
景点
剧场
游客中心
餐厅
教堂
饭店
火车站
博物馆
码头
地铁

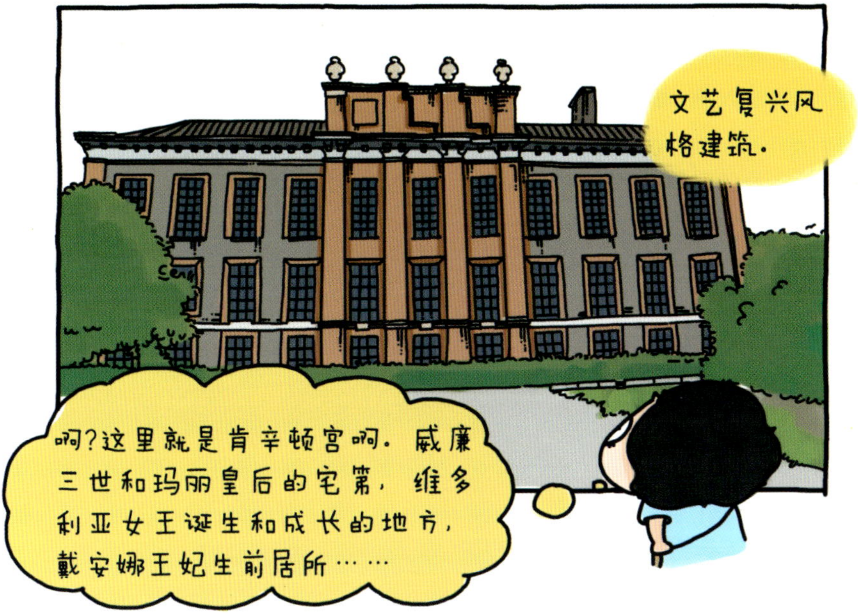
文艺复兴风格建筑。
啊？这里就是肯辛顿宫啊。威廉三世和玛丽皇后的宅第，维多利亚女王诞生和成长的地方，戴安娜王妃生前居所……

肯辛顿宫是一座三层红砖楼，据说当时威廉三世受不了白宫的湿气才和皇后搬到这里。经过圣保罗大教堂的设计师克里斯托弗·雷恩之手改造。

如何到达：High Street kensington地铁站出来后（Circle、District线），向东步行10分钟。

地址：kensington Gardens, London W8 4PX

电话：(0)20 3166 6000 开放时间：2012年3月26日~2012年10月31日10:00~18:00；SHOP和橘园10:00~18:00；最后入场时间17:00。2012年11月1日~2013年2月28日10:00~17:00；SHOP和橘园10:00~17:00最后入场时间16:00（2012年12月，除了24~26日）票价：成人£14.5，全日制学生£12，16岁以下免费网络订票有优惠。提供免费语音导游设备。

网站：www.hrp.org.uk

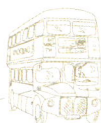

骑士桥与肯辛顿
knightsbridge & kensington

海德公园Hyde Park

如何到达：地铁站Hyde Park Corner、Marble Arch Lancaster Gate、knightsbridge皆可以到达。地址：Hyde Park, W2 2HU
网站：www.royalparks.org.uk

原来它也吃面包哦？
是啊，还很通人性。你从哪儿来？

为了避免太尴尬，进行了没话找话环节
中国！
哇哦！2008年北京奥运会开幕式很震撼啊！

我喜欢北京的开幕式，也期待伦敦的。
今年的伦敦开幕式也不会让人失望的！
这里就有奥运场馆，blahblahblah~~~
他好像觉得我有兴趣，然后语速突然快起来，虽然听不懂，但能猜到他说这里到时候会有马拉松，游泳和铁人三项的比赛……
！@#￥%……&*
听得头都大了，如何逃脱这个大叔呢……

海德公园右角有一个Speakers' Corner，周日会有各种理念的民众发表演说，据说也常能听到怪诞言论。

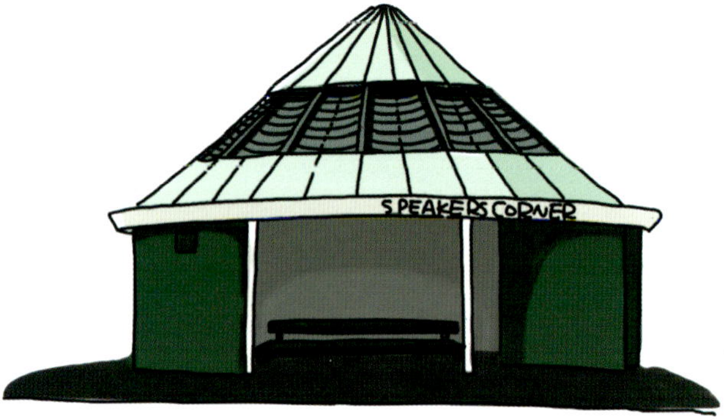
SPEAKERS CORNER

海德公园与肯辛顿花园和蛇形湖(The Serpentine)相邻，蛇形湖就是奥运会铁人三项中游泳的地方。

肯辛顿宫
kesington Palace

如果从地铁站出来，会看到一条商业街，毫无王室的感觉，找了很久，问了当地人，在岔道转弯处，才走进另一片领地。

走进宫殿，最吸引人是王室的服装展示。

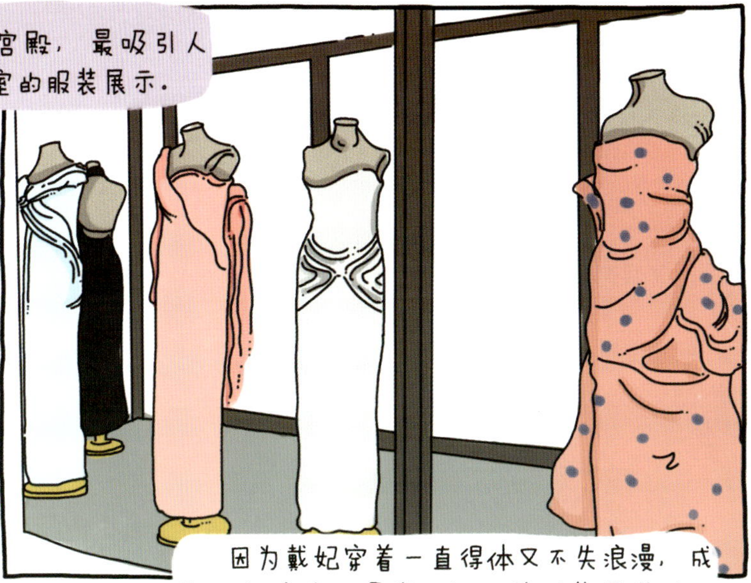

因为戴妃穿着一直得体又不失浪漫，成为人们追捧的偶像。她生前时装师说过：“她越成熟，便越少在意流行了，更多的是根据她自己的感觉去打扮。”

国王画廊（king's gallery）也必须要参观一下。里面是王室成员的收藏作品，不比其他任何画廊逊色。

随后去了女王的卧室、起居室、餐厅等等。室内摆放各式各样的装饰品，奢华得就像博物馆，有点让人忘了这些东西都曾是日常用品，为人所用。

哈罗德百货
Harrods

HARRODS

如何到达：Piccadilly 线从Knightsbridge地铁站出来，沿着Brompton Rd.向西行。

地址：81~135 Brompton Road, Knightsbridge, London SW1X 7XL 营业时间：周一至周六10:00~20:00，周日11:30~18:00

网站：www.harrods.com

哈罗德百货从展示到货品都堪称一流，自然的，价钱也是一流。据说店员会把女顾客当伯爵夫人对待，对待孩子会遵循礼数。哈罗德的地下一层角落有一个纪念戴安娜王妃和多迪的地方，很多人都在旁边的本子上留言祝福。不知道如果当年晚餐结束后没有狗仔，没有车祸，那如今他们的生活又会是什么样呢?!

终于吃到下午茶

在伦敦街头看见最多的食物是三明治。所谓小吃，能想到的大概只有鱼和薯条。英国人在吃这方面还真不上心。但他们有以一敌百的下午茶，是我花老本也要体验一下的……

环境和之前想象的昏黄小屋、安静地品茶很不一样，简直可以说是清新优雅。

铛铛铛~看看我的下午茶
最迷人的三层点心塔
最上面放一口小蛋糕，草莓水果塔，泡芙或者小饼干……
中间放各种英式的松饼。
果酱
奶油
最下面一层放咸味的三明治，火腿、起司、腌牛肉、腌鲑鱼……
下午茶的种类有很多种，比如花茶或者花果茶，但我选了传统的红茶。
喝下午茶，糖也有讲究，放的是蔗糖粒。
红茶微涩，需加入牛奶调和，是英式下午茶的特色。
或者是黄糖，就是没加工过的糖，含有糖蜜。
松饼的吃法
1 先用刀切开，不要切到底
2 然后用手掰开，涂完果酱再涂奶油
3 最后一口尝完

品尝点心的顺序是：先咸后甜，先淡后浓。从三层塔的最下一层开始，然后吃松饼，最后享受甜果小蛋糕和水果塔。

奥运比赛时的场地分布

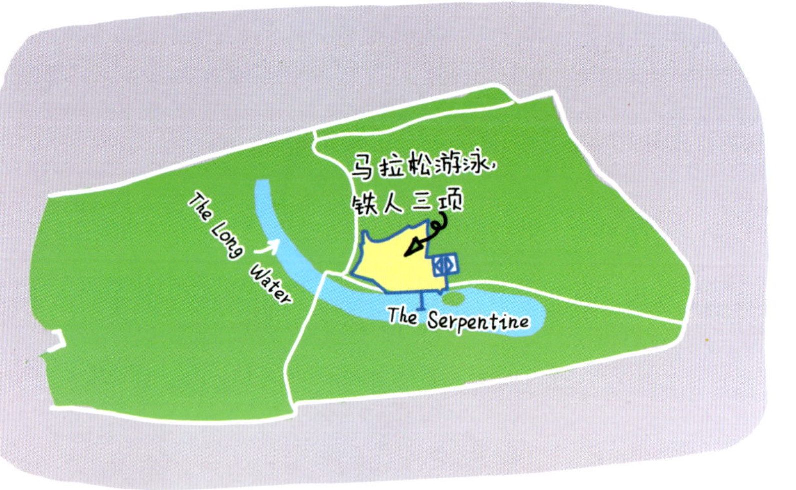
马拉松游泳，
铁人三项
The Long Water
The Serpentine

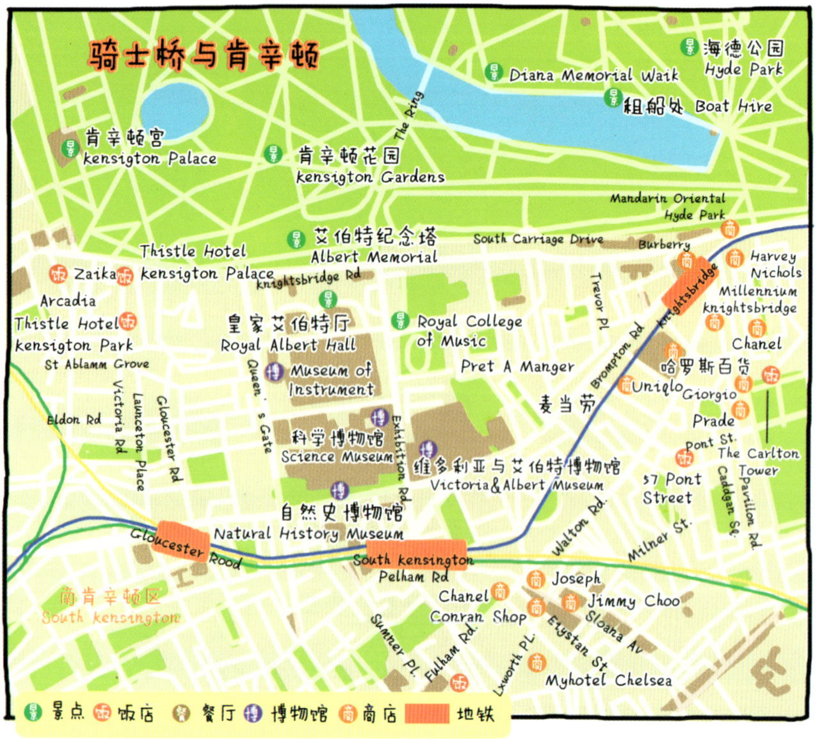
骑士桥与肯辛顿
海德公园
Hyde Park
Diana Memorial Walk
租船处 Boat Hire
The Ring
肯辛顿宫
kensigton Palace
肯辛顿花园
kensigton Gardens
Mandarin Oriental
Hyde Park
艾伯特纪念塔
Albert Memorial
South Carriage Drive
Burberry
Harvey
Nichols
Thistle Hotel
Zaika
kensigton Palace
knightsbridge Rd
Arcadia
Millennium
knightsbridge
Thistle Hotel
kensigton Park
皇家艾伯特厅
Royal Albert Hall
Royal College
of Music
Trevor Pl
knightsbridge
Chanel
St Ablamm Grove
Queen's Gate
Museum of
Instrument
Pret A Manger
Brompton Rd
哈罗斯百货
Uniqlo
Giorgio
麦当劳
Eldon Rd
Victoria Rd
Launceton Place
Gloucester Rd
科学博物馆
Science Museum
Exhibition Rd
Prade
Pont St.
The Carlton
Tower
维多利亚与艾伯特博物馆
Victoria & Albert Museum
57 Pont
Street
Cadogan Sq.
Pavilion Rd
自然史博物馆
Natural History Museum
Walton Rd.
Milner St.
Gloucester Road
South kensington
Pelham Rd
Joseph
南肯辛顿区
South kensington
Chanel
Jimmy Choo
Conran Shop
Sloana Av
Sumner Pl.
Fulham Rd.
Elystan St
Lxworth Pl.
Myhotel Chelsea
景点 饭店 餐厅 博物馆 商店 地铁

马里波恩
Marylebone

换到B&B，终于能吃到一顿地道的英式早餐，小资情调很足。

fried, poached or scrambled?
poached, sunny saide up.

早餐的鸡蛋有三种做法，fried煎蛋（有点像炒鸡蛋）；poached，sunny saide up，荷包蛋，只煎一面（做好后是半熟的，很漂亮）；scrambled水煮蛋。

盘子里的食物好丰富！

煎蘑菇
煎培根
烤西红柿
煎蛋
煮豆
烤肠

一小块
烤面包
水果
麦片
水
牛奶
橙汁
牛角面包
和土豆饼
其实只吃盘子里
的东西就够了

特别的麦片：

和国内的有点区别，里面有葡萄干、核桃之类的干果。用凉牛奶冲泡一下就可以吃。

麦片没生味……但作为一个长期早餐喝热粥热豆浆的中国人来说，真凉……
最后放弃了麦片，但足够量的早饭，中午可以不吃了，省了一餐饭钱耶！

杜莎夫人蜡像馆 Madame Tussaud's

全世界水平最高的蜡像馆之一

如何到达：Baker Street 地铁站出左转步行约3分钟。地址：Madame Tussauds Marylebone Road London NW1 5LR。开放时间：9:00~19:00因月份不同开馆时间不同，最好提前上网查询或电话咨询：(0) 871 894 3000

票价：成人£33，儿童£28 网络订票可以有10%~25%的优惠。

网站：www.madametussauds.com

进入蜡像馆就有种穿越的感觉，除了明星还有王室贵族和历史人物……

据说她丈夫过世后，女王就一直孝服打扮了……

严肃的老太太是19世纪英国著名的维多利亚女王，曾带领日不落帝国走入全盛时期。

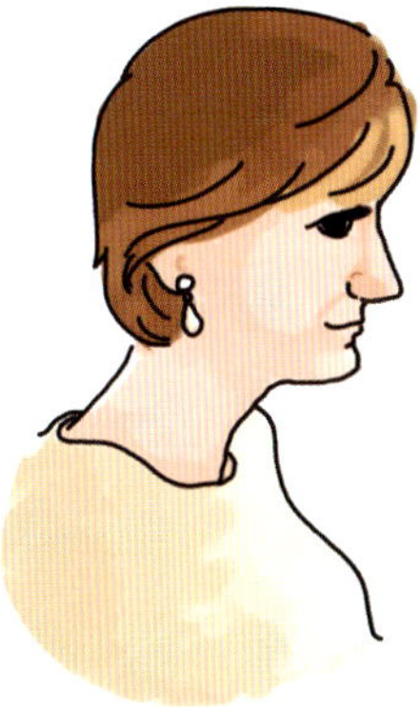

英国最有名的王室人物当然是戴安娜。好像每个蜡像馆都有她。

爱因斯坦霸气外露的大师气质。

除了蜡像外另一个出名的项目是恐怖屋，但只要看到这些像真人一样的蜡像，很容易会联想恐怖的级别绝对五颗星，还是放弃了。

摄政公园Regent’s Park

奥运的射箭赛场罗德板球场 Lord's Cricket Ground在摄政公园附近

这里原本要做成摄政王的行宫，奢华程度可以想象。摄政公园里有超过400种玫瑰花。夏天在公园里还有露天的剧场表演。

如何到达：Baker Street 地铁站出，步行5分钟左右。

地址:Regent’s Park, London NW1 电话：（0）20 7486 7905

网站：www.royalparks.gov.uk

福尔摩斯博物馆 Sherlock Holmes Museum

如何抵达：Baker Street 地铁站出，步行3分钟左右。

地址：221b Baker Street London NW1 6XE England.

电话：（0）20 7936 8866

票价：成人£6，16岁以下£4。

开放时间：每天9:30~18:00（圣诞节除外）

网站：www.sherlock-holmes.co.uk

THE SHERLOCK HOLMES MUSEUM

不特意找，很容易就错过了的低调小屋。

1990年在这里成立了博物馆，里面都是福尔摩斯用过的东西，烟斗、衣帽、家具，甚至连尸体和一些验尸工具都有。因为没看过书所以只当复古陈列室看了……依旧很有新鲜感呢！

&

马里博恩高街 Marylebone High Street

如何到达：Baker Street站下车，据说这里有不同品牌的护肤品，药妆，杂货。虽然很多律师医生喜欢来这里买东西，但商品依旧很便宜。

摄政街Regent Street

如何到达：Central线，Jubilee线或者Victoria线在Oxford Circus下车。摄政街位于伦敦两大著名区域之间：向西是富裕的Mayfair，向东是时髦的Soho。

摄政街上主要的是雅格诗丹(Aquascutum)的旗舰店，还有一些旅行社和航空公司。

因为喜欢淘二手小店，面对商业街有些无从下手，最后结束一天的旅行任务还是来到了摄政街，因为这里有苹果。

嗨！哥们儿，你也来这蹭网吗?!

马里波恩
Queen Mary's Gardens
往London Zoo
Broadwalk
Outer Circle
Albany St.
摄政公园
Regent's Park
Inner Circle
Outer Circle
Park Rd.
York Bridge
Balcombe St.
Gloucester Place
York Terrace
Great Portland St.
Royal Academy of Music
福尔摩斯博物馆
Sher Lock Holmes Museum
杜莎夫人蜡像馆
Madame Tussaud's
Park
Regent St.
Marylebone
Baker Street
Sixty 6
The Conran Shop
Devonshire St.
Cath kidston
Jesus Lopez
Bakerloo Line
Marylebone Rd.
Shaker
York St.
Paddington St.
Regent St.
agnis.b
Gloucester Place
Marylebone High St.
Dorset St.
Chiltern St.
Manchester St.
Aybrook St.
New Cavendish St.
Baker St.
VV Rouleaux
Queen Anne St.
Seymour Pl.
Montagu St.
Blandford St.
Wallace Collection
Lincoln House Hotel
Wigmore St.
Portman Cl.
景点 饭店 商店 博物馆 火车站 地铁站

英国网吧很贵，差不多1小时30块RMB，这个冤枉钱肯定不能花。于是来苹果店蹭网一下，很多年轻人都在摆弄面前的电脑，但估计和我一样都不是真的要买吧……

ps，摄政街正好经过牛津圆环，想逛街可以安排出一天来shopping。

牛津街Oxford Street

牛津圆环购物区
Sastcastle St.
Henrietta Pl.
H&M
Top Shop
Oxford Circus
Benwick St.
Selfridge' s
Bond Street
Oxford St.
Fcuk
Great Marlborought St
Central Line
Gilbert St.
Brown Focus
Apple Store
Libry
Broadwick St.
Binney St.
Nicole Farhi
Hamleys
Avery Row
Nwe Bond St.
Madox St.
Brook St.
Conduit St.
Lexington St.
Carnaby St.
Regent St.
London Marriot Hotel
Crosvernor St.
Vivienne Westwood
Brewer St.
Millennium Mayfair
Bruton St.
Royal Academy of Art
Mount St.
Fortnum & Mason
Browns
Bond St.
Thomas Goode
Berkeley St.
Hill St.
South St.
Jubilee Line
Jermyn St.
Dunhill
The Ritz
Green Park
Curzon St.
Athenaeum Hotel
King St.
Nobu
Piccadilly Line
The Metropolitan
Four Seasons Hotel
Hyde Park Cormer
饭店
商店
博物馆
餐厅
地铁

如何到达：Central线，Jubilee线，Victoria线，在Oxford Circus站下，从海德公园走到牛津街会近一些。牛津街大约2.5公里长，是伦敦最繁忙的商业购物街。

牛津街非常有名，整条街大约有500多家商店。不乏很多平民品牌，比如H&M，ZARA，FCUK等等。在牛津街的西头的SELFRIDGE，是一个大的百货店，里面的LV，DUNHILL，GIVENCHY，BURBERRY，ZEGNA，ARMANI。

据说每年7月和12月是换季拍卖期，每家店都爆满。

哇！牛津街街上
也卖假货啊？
LV

很便宜的，
买一个吧！
呃……比国内
还贵。

牛津街上的假货做工粗糙，价位也很高，完全不需要理会。

是不是没找对货
源啊，假的还卖
这么贵~

邦德街Bond Street

伦敦最贵的一条街

如何到达：Central线下车，Jubilee线在Bond Street下车。这里只卖世界顶级名牌。

随便走进一家店
我要是说只是看看，会不会遭白眼啊?!
您好，欢迎光临。您想买什么我可以为您介绍。
我只是随便看看。
很心虚
那您有需要再叫我。
谢谢！
全程微笑

哇噻~还担心她会一直跟着我给我介绍呢！
随意地逛着，物品非常美观，价格也非常昂贵。
您要试试这双鞋吗？
导购员不会跟着顾客，但是当我一直看一个东西的时候，她就出现了……
呃……这双鞋有紫色的吗?!
呃……还真有啊?!
我帮您去找找看！
本来想随口说一个这里没有的颜色，敷衍过去，没想到……

您试穿一下吧。
谢谢……
太不好意思了……
不好意思，我觉得不太合适。我再看看别的吧。
您再随意看看吧。

尽管我只是试试，服务员的态度依旧很耐心……试了两次鞋，实在喜欢，但价格高出承受能力许多，虽然不能带走什么，但记住了服务员的笑脸也不错。

购物退税问题

在英国购物，除了教育与儿童用品外，其他物品需要交17.5%增值税（VAT，Value Added Tax），通常是包含在商品价格里。

中国游客根据英国购物的退税政策，在英国购物后3个月内离境，就可以申请退税。但退款多少由各商店自行决定，所以同类商品如果可以，最好在同一家店购买。有的商店，消费£30以上就可以申请退税。有的商店则会提高到£50。

橱窗贴有“Tax Free Shopping”的标志，就是可以退税的商店。

付款时和收银员说要退税，他们会给你商品小票和退税凭证。有时可能需要护照。到有“VAT Refund”的标志的结账柜台，领取退税表格并填写再给工作人员盖章。有时候他们会检查你买的东西，所以退税的物品最好集中放一个旅行袋里。

出境时前往“HM Customs Desk”柜台，凭表格，收据，护照，商品，机票等办理手续。表格验证后可到退税代办公司Cash VAT Refund办理现金取款或者把表格给公司工作人员，钱会退回你的信用卡里。

伦敦近郊London Suburbs

格林威治Greenwich

如何到达：轻轨，搭乘轻轨火车(Docklands Light Railway)至位于第二区的Cutty Sark Garden站，步行5分钟可抵达。火车，Charing Cross、Waterloo、London Bridge火车站都有班次可前往，半小时左右一班，车程只需要15分钟。渡轮，Westminister、Charing Cross、Tower Pier等码头都有渡轮可前往。

格林威治公园 Greenwich park

格林威治公园，包含旧皇家天文台（Old Royal Observatory）、国家航海博物馆（National Maritime Museum）、格林威治码头（Greenwich Pie）。票价：免费，部分特展需要付费。

开放时间：10:00~17:00，最后入场时间为闭馆前30分钟，12月24~26日休息。

网站：www.nmm.ac.uk.

奥运会的马术、现代五项就在这个公园里。

Royal Observatory Greenwich

旧皇家天文台
Old Royal Observatory

地址：Green Park, SE19

电话：(0)20 8312 6565

开放时间：10:00~17:00，最后入场时间为闭馆前30分钟。12月24~26日休息。票价：免费。

网站：www.rog.nmm.ac.uk

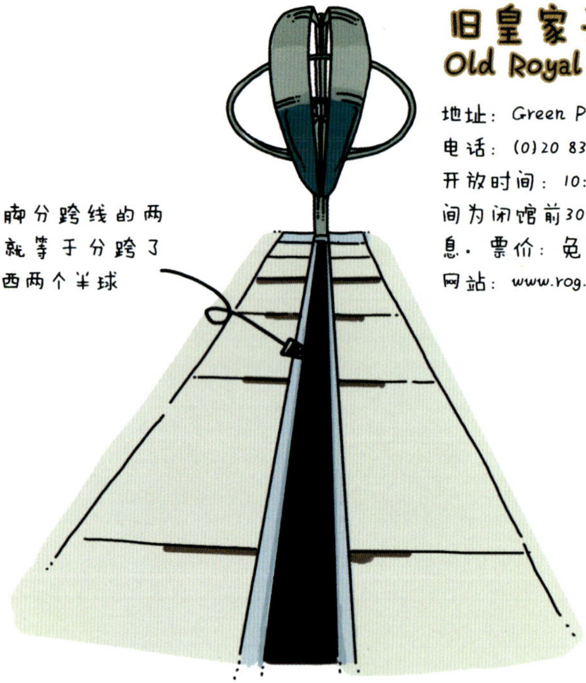
两脚分跨线的两端就等于分跨了东西两个半球

格林威治
子午线
Island Gardens
泰晤士河
格林威治河底通道
格林威治码头
特拉法加旅舍
旧皇家海军学院
Gipsy Moth IV
卡提沙克号
游客服务中心
Cutty
格林威治集市
King William walk
Romney Rd
Park Row
Maze Hill
皇后之屋
国家海军博物馆
Vanbrugh Castle
Antique Market
Fan Museum
Church St
Greenwich
Greenwich High Rd
Gloucester Circus
旧皇家天文台
The Ave
Black Health Ave
The Wilderness (Deer Park)
格林威治公园
Greenwich Park
Blackheath Gate
景 景点 商 商店 博 博物馆
火 火车站 码 码头 DLR车站

裘园——皇家植物园
kew-Royal Botanic Garden

如何前往：地铁Distriict线至Richmond方向，kew Garden车站下车，位于第三区。公交：65路和391路公共汽车停在植物园门口附近。237路和267路公共汽车停在kew桥站，步行10分钟可到kew园。

地址：Royal Botanic Gardens，kew Richmond，Surrey，TW9 3AB

电话：(0)20 8332 5655 开放时间：9:30开放，闭关时间四季不同，春：17:30，夏：18:30，秋：18:00，冬，16:15。12月24~25日休息。

票价：成人£13.5，持学生证和60岁以上老人以及残疾人，£11.5。

网站：www.kew.org

裘园
泰晤士河 River Thames
白峰咖啡厅
White Peaks Cafe&Shop
夏绿蒂皇后小屋
Queen Charlotte's Cottage
威尔士公主温室
The Princess of Wales Conservatory
The orangery
裘园
kew Palace
莲花池
Waterlily Pond
橘园餐厅
Restaurant
纳许温室
Nash Conservatory
地中海花园
Mediterranean Garden
玫瑰花园
Rose Garden
棕榈屋
The Palm House
日本庭园
Japanese Garden
大温室
The Temperate House
公爵花园
Duke's Gaeden
中国宝塔
The Pagoda
植物与人展示厅
Plants+People Exhibition
阿尔卑斯之屋
Alpine House
裘园艺廊
kew Garden Gallery
游 景点 餐 餐厅 博 博物馆

伦敦郊外的风景和市内完全不同。没有市内高调浓重色的彩感，反而回归自然透露着清新质朴的气质。坐落在其中的裘园是全球植物及园艺爱好者的朝圣地。

裘园里的建筑很多，棕榈屋，大温室，威尔士公主温室，中国宝塔，日本庭院，裘园都非常有名。

棕榈屋建于1844～1848年，是植物园里最具标志性的建筑，玻璃钢结构。全世界70%的棕榈都生长在热带雨林里，棕榈屋的环境就是模拟热带雨林气候，并且这里面的棕榈有四分之一已濒临灭绝。

和老板娘一起
参加教堂活动

晚上回来，看见老板一家正在餐前祈祷。
回来啦！今天愉快吗?!
非常愉快！原来你们一家都是基督徒呢。
会啊，周日就会去教堂。
那你们也做礼拜吗?

正好第二天是周日，老板娘非常爽快地答应带我一起做礼拜，看看正宗的外国人在教堂里有什么仪式。

好朴实的教堂……还以为外国人的教堂都很奢华呢。

英国教堂的种类大概分：Church（教堂）；Cathedral（大教堂）；Priory（修道院）和Abbey（大修道院）。Church是英国居民做礼拜和举行婚礼葬礼的地方，Cathedral则用来举行重要宗教活动。Priory和Abbey是修道士或修女集中的教堂。如果一个城市只有Church没有Cathedral，即便拥有再多人口，也不能算大城市。教堂在英国也是衡量城市规模的标准，地位超重要的。

早晨好！这是我的房客。
你好！
早晨好！欢迎新姐妹。
…

ps.她们用英文对话啦~

这个一会儿
要用到的，
先借你看。
谢谢！

得知我是来旅行的游客，一个貌似活动的工作人员还特意拿来一张印有诗句的纸给我。

呃，这个……

找到一种高中做英
语阅读的感觉
仪式开始前教堂里
已经坐满了人。
不管彼此是不是
认识，都亲切的
打招呼。
还有儿童

仪式从教父询问了大家这一周过的怎么样开始。

这周有没有新来的兄弟姐妹?

通常第一次来教会的朋友，会被邀请做一个自我介绍。

我叫八宝仔，从中国来，呃……
如果我说出只是来看看会不会很扫兴啊?

谢谢。
欢迎你。

自我介绍之后，前后左右的兄弟姐妹会送上拥抱表示欢迎。

之后大家开始唱赞美诗，
旋律优美又温和。

圣经里说：
XXXXXX……

赞美诗唱罢，牧师便开始讲道。就是分享自己对《圣经》里的感悟，虽然听不懂，但能听出他的语气很真诚。

讲道结束，工作人员拿来捐钱袋。

谢谢!

捐款自由，没有强迫，
也没有人互相商量。

礼拜结束后，教会里的神职人员已经准备好点心和茶，参加礼拜的人们一边喝茶一边交流。

Bye bye!
Bye bye!

回来的路上，老板娘告诉我，她在听牧师讲道的过程中收获很多人生感悟。虽然我不是教徒，但这的确是一次奇妙的经历，而我也要踏上另一个新旅程了。

六、其他地区

布赖顿 Brighton

布赖顿，海滨城市。刚进入布赖顿，似乎就能闻到海水的味道。沙滩上人们享受日光浴，三五成群的朋友在烧烤，悠闲得让人羡慕啊！

如何到达 火车，从London Bridge车站(LBG)或者Victoria车站(VIC)搭车前往布赖顿East Sussex车站（BTN），车程大概1小时，London Bridge车站每小时2班车，Victoria车站每小时1班。巴士，在伦敦维多利亚巴士站坐National Express巴士前往，每小时1班车，车程两小时左右。

游客服务中心：地址：Royal Pavilion Shop, 4-5 Pavilion Buildings, Brighton, BN1 1EE. 电话(0)300 300 0088
服务时间：9:30~~17:15 网站：www.visitbrighton.co.uk

住宿推荐：kipps Hostel
地址：76 Grand Parade, Brighton BN2 9JA
电话：(0)1273 604 182 价格：每个床位£15起，单人房£25起，双人房£30起。
网站：http://www.kipps-brighton.com/

Kipps

英国实在是个缺少美食的国度，所以住在有厨房的地方我都自给自足……

厨房里写了"free"就是共用的，调料有一些也可以共用。
有些盒子和袋子是客人们的，写了他们的名字，不取动。
K.C.
Lily
千万不要把东西倒进下水道里，请工人维修下水道实在太贵啦！
好！
英国的劳动力非常之贵。

我展示的时间到了！

前几天做饭剩的一个蘑菇
特价时买的土豆
旅游时挖的野菜

用热水烫一下~

尝下……
哇！好难吃啊！
放各种调料
拌小菜
好失败！野菜
好难吃……
好香！
中国食物！

我们一起吃饭吧，互相交换食物，可以吗？
呃……好……不过味道可能……
好好吃啊！
可以上电视的美食节目啦！
只是普通的拌小菜，两个外国人却觉得很好吃。她们叫它中国沙拉。
外国人对食物的要求还真是低啊……
心花怒放！

皇家行宫
Royal Pavilion

外形好印度风

如何到达：火车站沿下坡往海边方向走，在North Street左转约5分钟。

地址：4/5 PavilionBuildings，BN1 1EE

电话：(0)3000 290 900

开放时间：4至9月9:30~17:45，10月至次年3月 10:00~17:15。

休息：12月24日（下午2:30），12月25日和26日整天。

票价：成人 £9.8，儿童 £5.6。

网站：www.brighton-hove-rpml.org.uk

皇家行宫是这一区最有名的景点之一，虽然外形很印度，但内部却具有浓重的中国色彩。

灯上是中国仕女图图案

皇家行宫是乔治四世用来享乐的，据说他很迷中国风，所以行宫内的装饰就按他的喜好来设计。但当时到过中国的人很少，乔治四世和设计师们是参考着少数资料，想象出一个中国风宫殿并建造，地地道道的中国人会在里面发现很多错误，在宫殿里找碴儿倒是挺好玩的。

最爱布赖顿的小巷，有精致的古董店、饰品店和露天咖啡厅。随便走进一家店都能发现惊喜。

这个海滨小城像
个童话乐园。

BAGELMAN

MASSAGE

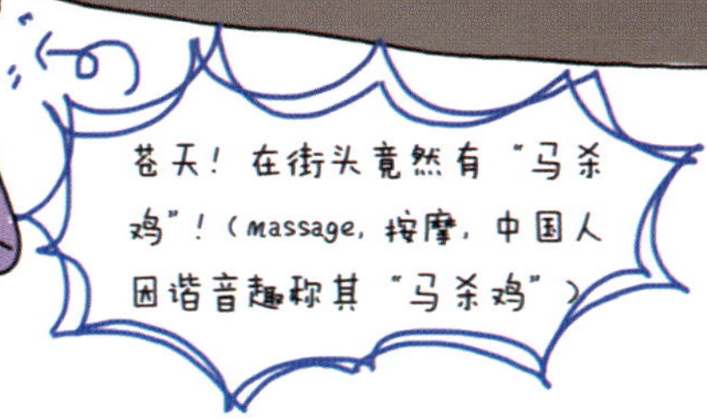
苍天！在街头竟然有"马杀鸡"！（massage，按摩，中国人因谐音趣称其"马杀鸡"）

巷道区 The Lanes

火车站沿下坡向海边走，在North Street
左转，左右两侧任何巷子都能到。

BRIGHTON PIER

皇宫码头Palace Pier

火车站沿下坡，往海边方向直走到底，king’s Road 左转即可.
布赖顿不大，靠步行完全可以. 差不多25分钟就会到啦!

皇家码头从海滩延伸到海上，前半部是小吃摊和零食店，后半部是游乐场.

布赖顿
火车站
Guildford Rd
Trafalgar St
玩具及模型博物馆
Toy&Model Museum
York Place
Dyke Rd
Sydney St
St Nicholas Rd
Gloucester Place
Grand Parade
North Rd
Upper N St
Queens Rd
Church St
Gardner St
Regent St
Marlborough Place
kipps Hostel
kingswood St
皇家剧院
Theatre Royal
Western Rd
Grenville St
Bond St
New Rd
William St
John St
Cannon Place
布赖顿博物馆&艺廊Brighton
North St Museum&Art Gallery
Edward St
Churchill Square Shopping Centre
皇家行宫
Royal Pavilion
Russell Rd
West St
Middle St
Ship St
巷道区
The Lanes
游客中心
George St
The Grand
Old Steine
St James
king’s Rd
Thistle Brighton
皇宫码头
Palace Pier
景点 剧场 火车站 饭店 商店
博物馆 游客中心 码头

在街头的小店里有种非常有名的七彩棒棒糖，在国内我们叫做波板糖，但它的真名是——布赖顿之石Brighton Rock.

就是它
我终于有名儿啦~还很洋气.

温莎 Windsor

Windsor&Eton Riverside
温莎火车站

如何前往

火车，在伦敦帕丁顿(Paddington)火车站出发，搭乘温莎和伊顿（Windsor&Eton Center）的火车，每小时3班，全程约40分钟，需要在Slough转车，或在滑铁卢(Waterloo)车站搭乘火车抵达河边的Windsor&Eton Riverside Station，车程50分钟左右，每半小时一班。巴士，维多利亚火车站后方Eccleston Bridge与Buckingham Palac Road交叉口搭乘Green Line巴士701或者702.半小时一班车，车程50分钟左右，票价£9.5。

电话：（0）844 801 7261

网址：www.greenline.co.uk

市内交通：乐高乐园可以搭乘接送巴士，其他景点都可以轻松步行。

旅游服务中心：

24High Street Windsor

电话：(0)1753 743 900

工作时间：5~9月 周一~周五 9:30~17:30，周六 9:30~17:00 周日10:00~16:00，10月~次年4月 周一~周六 10:00~17:00 周日11:00~16:00

12月25~26日休息

网址：www.windsor.gov.uk

住宿咨询

Magna Carta

Thames Side，SL4 1QN

电话(0)7836 551 912

网址：www.magna-carta.co.uk

Duke Street

76 Duke Street，SL4 1SQ

电话：(0)1753 620 636

网址：www.76dukestreet.co.uk

提起温莎，就会想起温莎城堡Windsor Castle，但这里除了城堡，更是一个皇家范儿的小镇。

温莎城堡
Windsor Castle

地址：Windsor Castle, Windsor, SL4 1NJ

电话：（0）20 7766 7304

开放时间：3~10月9:45~17:15（最后入场时间16:00）；11~2月9:45~16:15（最后入场时间15:00）12月25~26日 休息。

票价：成人 £17.00，60岁以上老人和持有效证件的学生，£15.50。

网站：www.royalcollection.org.uk

温莎城堡对面的路，有10公里那么长，大路两边的景色好像童话一样。

占地26英亩，有900年历史，现在仍是女王的居住地。

住在这里一定很有安全感。

用3小时参观完，印象最深的是国家套房State Apartments和谒见厅Audience chamber

国家套房里有丰富的皇家藏品，包括达·芬奇，拉斐尔，米开朗基罗的作品。在英国参观了许多王室住宅，总是不免对比故宫。中国的宫廷文化是低沉内敛的美，而英国的宫廷文化，用张扬形容一点都不为过。

谒见厅Audience chamber

迎接贵宾的首要场所，但我一直在想，这么大的房间，女王要是讲话贵宾们都能听清吗?!

温莎城堡的中午也可以看到士兵交接仪式，看过了伦敦的那场，实在觉得这里的是“毛毛雨”。

喂，大家都拍你，你会不会不好意思啊？！
因为他听不懂，所以肆无忌惮地说中文，哈哈~

伊顿学院
Eton College

如何到达：从温莎古堡走过温莎伊顿桥（Windsor&Eton Bridge），沿着High Street步行约10分钟即可。地址：Hight Street，Eton，Windsor，SL4 6DW。电话：(0)1753 671 177

开放时间：学院，4月21日至7月2日10:30~16:30

商店：3~12月11:00~15:30　网站：www.etoncollege.com

来参观学院可以参加1小时导游行程，14:00和15:15各有一批，需要事先预定。

学生们要求穿正式制服上课，一套制服约700英镑。

这里的学生都是贵族，并且只收男生。英女王是唯一一名女性荣誉校友。

学校一共1300名在校生，全是王室贵族。每年250名毕业生，经历的是纯粹的精英教育。

一个小故事

听口音是伊顿的?!
?
?
你是伊顿毕业的?哪届的? 住几号公寓几层楼?
去年毕业，A座楼。
校友啊!
有啥事，好办啊!
真是熟人好办事。
据说王室贵族，见面听到对方的“伊顿音”就会特别亲切……

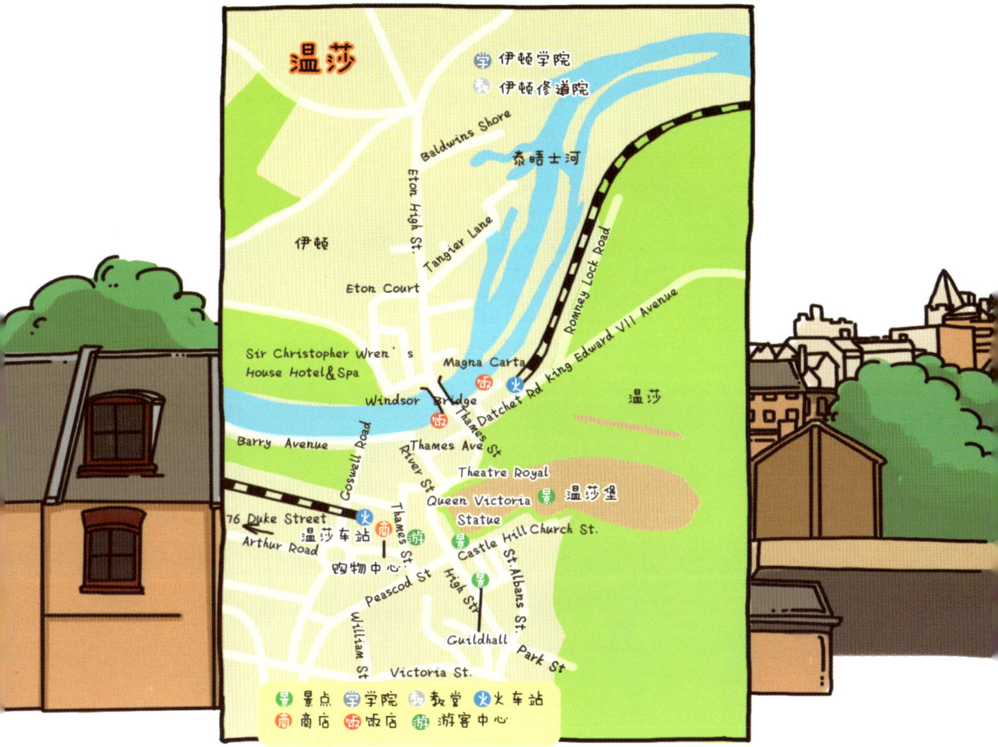

温莎
伊顿学院
伊顿修道院
Baldwins Shore
泰晤士河
Eton High St.
Tangier Lane
伊顿
Eton Court
Romney Lock Road
King Edward VII Avenue
Sir Christopher Wren's House Hotel&Spa
Magna Carta
Windsor Bridge
Datchet Rd
Thames St
温莎
Barry Avenue
Goswell Road
Thames Ave
River St
Theatre Royal
Queen Victoria Statue
温莎堡
76 Duke Street
Arthur Road
温莎车站
Thames St.
Castle Hill
Church St.
购物中心
Peascod St
High St
St.Albans St.
William St
Guildhall
Park St
Victoria St.
景 景点 学 学院 教 教堂 火 火车站
商 商店 饭 饭店 游 游客中心

真的不问隐私吗?!

在温莎住在一对中国夫妇开的旅馆里，吃完晚饭和小米（他们的女儿）聊天。

英国人真的很在意别人问他们年纪工作之类的吧？
是啊，他们也不会问对方的隐私。

但是事实……

我刚到伦敦公司工作时，迎面走来同事，和他们打招呼……

Hello……

……

完全被无视……

就这样，在公司遇到每一个同事都一样，一副把自己保护好禁止打扰的样子……

5555我的同事们好冷漠啊！
过几天……
hi~听同事们提起？
hi~你是小米吧！我听同事们说过你哦。我也是中国人。
可我和同事们不太熟呢……
是啊！他们说你是新来的中国人，很有品位，长相很可爱！

但到底为什么不互相打招呼呢？
其实他们很热情，只是有些害羞吧？
等和大家熟了以后……
喂，新来的家伙很酷！
是啊，看起来很酷。我发现他鞋子好看！
口味也很怪哦！中午吃了沙拉放了很多奶油……
听说他第一天上班就走丢啦！
来了新同事我也加入他们发邮件的队伍讨论新人了……
不能说所有英国人都一样，只是我接触的同事，不会过问别人隐私，但心里都有数。
原来灵长类动物的本性都是有一颗八卦的心……

巴斯Bath

热门景点，古老的小镇。

如何到达

火车，从伦敦帕丁顿(Paddington)车站到巴斯Bath Spa（BTH）火车站的直达车，车程大约1.5小时，每半小时一班。从牛津前往巴斯要在Didcot Parkway或者Reading转车，车程大约1.5小时。

电话：(0)8457 484 950

网站：www.nationalrail.co.uk

巴士：维多利亚车站(Victoria Coach Station)搭直达车，车程3.5小时。最早班车8:00出发。

电话：(0)8705 80 80 80

网站：www.nationalexpress.com

市区交通

小镇不大，步行完全可以。

旅游巴士City Sightseeing，一次购票即可，24小时内无限次搭乘。

票价：成人£11.5，学生£9.5，5~15岁£6，价钱可能会浮动。

提供中文导游车票可在游客中心订购。

电话：（0）1225 444 102

出租车

Abbey Radio Taxi 电话：(0)1225 465 843

Orange Grove Taxi 电话：(0)1225 447 777

此外，小镇提供免费的徒步之旅，讲解者都是义工。周日~周五上午10:30和下午2:00各一场。周六只有上午一场。5~9月的周二~周五还有19:00的夜间导游可以选择。在修道院广场前的帮浦室(pump Room)入口处集合。

热气球服务

票价：约£90，可以坐着气球俯瞰全镇。

电话：(0)844 391 0404

网站：www.bathballoons.co.uk

旅游咨询

游客服务中心

地址：Abbey Chambers, Abbey Church Yard(巴斯修道院旁边)服务时间：周一至周六9:30~17:30，全年周日10:00~16:00

电话：(0)906 711 2000

网站：www.visitbath.co.uk

住宿

Harington's Hotel

地址：8-10 Queen Street.BA1 1HE

电话：（0）1225 461 728

传真：(0) 1225 444 804

罗马浴场的建筑很特别，和在英国见到的大多建筑风格区别很大。这里是大浴池Great Bath，池里水温保持在46度左右。

罗马浴池博物馆
Roman Baths Museum

如何到达：火车站沿Manvers St.往北走，进入市区后在York Street左转。

地址：Abbey Church Yard，BA1 1LZ

电话：(0)1225 477 785

开放时间：

1~2月9:30~16:30，3~6月9:00～17:00，7~8月9:00~21:00，9~10月9:00~17:00，11~12月9:30~16:30，12月25~26日休息。

票价：成人£12.25，65岁以上老人£10.75，6~16岁未成年人£8。

网站：www.romanbaths.co.uk

工作人员穿上罗马服装，在浴场边提供着洗浴产品。

帮浦室 Pump Room
在国王浴池的上方
THE PUMP ROOM
THE PUMP ROOM

自然泉水，45便士，传说有罗马的味道哦！

一股硫黄味！

所幸这里还卖其他食物啊~

对于罗马人来说，洗澡很重要。澡堂也是一个社交场所。有一个传说，酋长问罗马国王，你为什么每天洗一次澡啊？国王答，因为我没时间洗两次啊。

让我吃一口吧！

可能因为温泉，整条小镇在洗浴产品上很下工夫，比如这种让人误会是点心的香皂……

拜托！

莎莉露之屋
Sally Lunn's

如何到达：游客服务中心穿过York St.进入Abbey Street 于 North Parade Passage 左转。地址：4North Parade Passage。电话：(0)1225 461 634
营业时间：每天10:00~22:00
网站：www.sallylunns.co.uk

吃货一看到特色的小吃店，感觉整家店都在放光……

小小一家店内藏玄机：一层地下室有一个免费参观的博物馆，有古老的面包厨房可以看，地上三层全是茶餐厅。

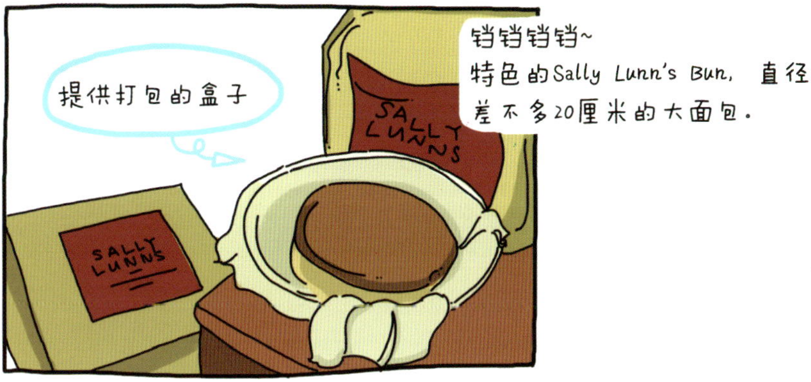
提供打包的盒子
铛铛铛铛~
特色的Sally Lunn's Bun，直径差不多20厘米的大面包。
SALLY LUNNS
SALLY LUNNS

肉桂奶油

可以点一份Sally Lunn Cream Tea下午茶套餐。半个圆面包配果酱再加一杯咖啡或茶。Cream Tea有好几种，区别是面包上涂的东西不一样，比较丰富的吃法是在面包上配培根沙拉。

皇家新月楼 Royal Crescent

1号新月楼是博物馆，展示乔治王时期的奢华装潢。其他的新月楼改成旅馆，住一晚至少£305……

如何到达：Heap St. 向西走，连接Westgate St.于Barto St.右转，向北走至The Circus.转往Brock St.即可到达。地址：No.1 Royal Crescent，BA1 2LR
电话：(0)1225 428 126　开放时间：博物馆周二至周日10:30~17:00，最后入场时间下午4:30。票价，成人£6.5，未成年人（16岁以下）£2.5，
网站：www.bath-preservation-trust.org.uk

巴斯近郊

史前巨石区Stonehenge

如何到达：从巴斯或者沙里斯贝里(Salisbury出发)，有很多公司提供半日游，或在沙里斯贝里车站以及公交车站搭巴士前往。
地址：Nr Amesbury Wiltshire，SP4 7DE
电话：（0）870 333 1181
开放时间：6~8月9:00~19:00，3月中旬~5月、9月~10月中旬 9:30~18:00，10月中旬~次年3月中旬9:30~16:00，12月24~26休息
票价：成人£6.9，未成年人3.5。
网站：www.english-heritage.org.uk

只用1个小时就彻底地感受完了，关于巨石阵的建造过程和用途，虽然有很多推断至今也却没定论。只能空感叹古人超前的意识和技术了。

离开巴斯前，在小镇买了当地的特产——太妃糖。

太妃糖和国内的不一样。有一种像大块巧克力，旁边准备了个小锤，要多少敲多少。还有一种是超大棒棒糖，但外形却非常精致。

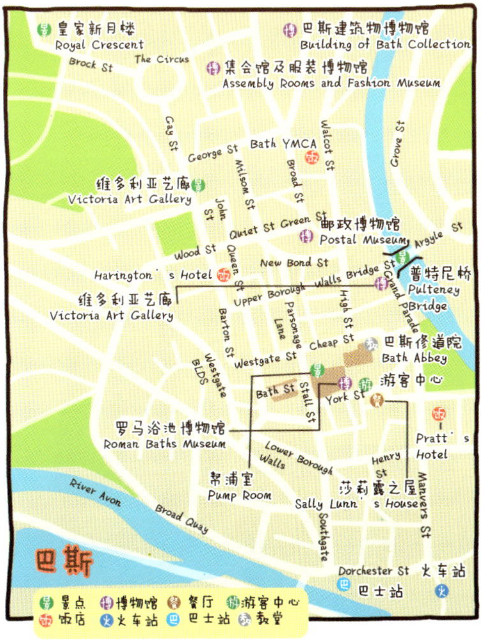
皇家新月楼
Royal Crescent
The Circus
Brock St
巴斯建筑物博物馆
Building of Bath Collection
集会馆及服装博物馆
Assembly Rooms and Fashion Museum
Gay St
George St
Bath YMCA
Walcot St
Grove St
Milsom St
Broad St
维多利亚艺廊
Victoria Art Gallery
John St
Quiet St
Green St
邮政博物馆
Postal Museum
Argyle St
Wood St
Queen St
New Bond St
Harington's Hotel
Walls
Bridge St
普特尼桥
Pulteney Bridge
Grand Parade
Upper Borough
维多利亚艺廊
Victoria Art Gallery
Parsonage Lane
High St
Barton St
Cheap St
巴斯修道院
Bath Abbey
Westgate BLDS
Westgate St
Bath St
Stall St
York St
游客中心
罗马浴池博物馆
Roman Baths Museum
Pratt's Hotel
Lower Borough Walls
Henry St
帮浦室
Pump Room
River Avon
Broad Quay
莎莉露之屋
Sally Lunn's House
Manvers St
Southgate
巴斯
Dorchester St
火车站
巴士站
景点
博物馆
餐厅
游客中心
饭店
火车站
巴士站
教堂

买了小的太妃棒棒糖还有一袋敲下来的太妃糖碎块。

剑桥Cambridge

如何前往

火车，从伦敦国王十字(King's Cross)车站出发，直到剑桥。车程约50分钟，每小时约有3班车。从英格兰北部以及苏格兰至剑桥，需要在Peterborough转车，从中部和西部前往需在伯明翰（Birmingham）转车。巴士，在维多利亚巴士站(Victoria Coach Station)搭车，每天8:30~23:30每小时一班，车程约2小时10分钟，部分班车会在伦敦Stansted机场停留37分钟，总路程大约需要3小时，若从牛津前往剑桥，可搭乘Stagecoach的X5号巴士，车程约3小时20分钟，每半小时一班车。

电话：(0)8705 80 80 80

网站：www.nationalexpress.com

市区交通

公交车，市中心可以徒步游览，也有免费接送公交车(Shuttle Bus)，每周一~周六9:00~17:00，每15分钟一班。路线从集市广场Market Square——基督学院Corpus Christi College——Fair Street/Grafron购物中心——Jesus Lane/Trinity Street。火车前往，在剑桥车站外的公交车站坐1、3、7号公交车到Emmanuel Street，到达市中心。路线可以再游客中心索取。票价在£3.3左右，也可以使用单程票或使用Day Rider 1日票，可以无限乘车。旅游巴士，红色的开顶旅游巴士，City Sightseeing，有中文导游。24小时内无限乘坐。每日10:00~17:00。4~9月每20分钟一班次票价，成人£13.00，儿童（6~15岁）7.00英镑，60岁以上老人和学生（有效学生证）£9.00。

网站：www.city-sightseeing.com

旅游咨询

游客服务中心

地址：Peas Hill, CB2 3AD

电话(0)1221 457 574

夏季（4~10月）周一至周五10:00~17:00，周六，周日及法定假期11:00~15:00 10:00~17:00。冬季（11月~次年3月）星期一至星期五10:00 ~ 17:00星期六10:00 ~ 17:00。

网站：www.visitcambridge.org

住宿咨询

De Vere University Arms Hotel

地址，Regent Street, CB2 1AD

电话:(0) 871 508 8768

传真：(0)1223 273 037

网站:www. Universityarms.into

YHA Cambridge

地址：97 Tenison Road, CB1 2DN

电话:(0) 845 371 9728

传真：(0)1223 312 780

网站：www.yha.org.uk

请问剑桥大学怎么走？
呃，你说的是剑桥哪个学院呢？
从车站出来后
难道没听懂？
请—问—剑桥大学，剑桥大学呀~怎么去呢？
呃，我知道你要去剑桥。但你要去哪个学院呢？

难道这个老人的反应跟不上节奏了？我是不是该找个年轻人问一问……

其实，真相是：英国根本就不存在一座名为剑桥大学或牛津大学的大学府（与中国完全不同）……是我没弄清楚状况……

剑桥
圣约翰学院
St.John's College
耶稣学院
Jesus College
The Backs
Jesus Lane
Bridge St.
St. Johns St.
叹息桥
The Bridge of Sigh
ALL Saints Road
万圣巷
万盛花园
All Saints Garden
Malcom St.
Sussex St.
king St
三一学院
Trinity College
Trinity St.
Trinity Lane 三一巷
Green St.
Sidney St.
Hobson St.
Garret Hostel Lane
剑桥大学出版社
基督学院
Christ's College
克莱尔学院
Clare College
Market St.
Pretty Cuty
圣爱德华巷
集市广场
Market Square
Christ's Lane
巴士站
国王学院
king's College
Kings Parade
Bene't St
游客中心
三环洞桥
圣玛丽教堂
St.Mary's Church
De Vere University Arms Hotel
Free School Lane
Corn Exchange
自由学院巷
At Andrews St.
数学桥
Pembroke St
Downing St.
Silver
皇后学院
Queen's College
撑篙租船码头
Granta Place
往火车站YHA
往Lensfield Hotel
Mill Lane
景点 学院 教堂 巴士站
码头 游客中心 饭店

剑桥和牛津都是由很多学院组成，这些学院统称为剑桥大学或者牛津大学。所以当我问，剑桥大学怎么走的时候，确实让人很迷茫。尽管在国内，我们的大学也是由各种学院组成，但剑桥或者牛津的学院是完全彼此独立的。就是说包括老师和学院的收入，都是各自划分支配。唯有一点，学校的教学资源却是共享的。

搞清楚之后，真是对老人家十分抱歉，他耐心地解释了很久，我才明白……

嗨，你是不是要去康河撑篙？我这可以优惠的！
苍天啊，我在英国遇到黄牛党啦！还是个发音标准的印度人！
20英镑一个人哦，很优惠的。
买票才15英镑好吗？！
骗人套路还真是全世界通用，没见过我讲价实力吧！
我自己的公司，再给你便宜点吧！15英镑一个人！
5英镑一个人！

不行就算了。
全城都没有这个价啊！
好吧好吧，算你这个价钱吧！
欲擒故纵成功！
最后跟着印度人绕了几个弯才到了康河边……
你是不是骗子啊！老子可不是被吓大的，听见没？
又肆无忌惮说中文了。
他的另一个泰国客户

康河Punting

如何到达：Silver Street 与 Bridge Street和康河交界处。

地址，Granta Place ,Mill Lane ,CB2 1RS。电话，(0)1223 359 750

开放时间：4~5月、9~10月9:00~19:30，11月至次年2月10:00~17:00

一般行程约45分钟，每人£15，自己租船£50起。

网站：www.scudamores.com

在通往康河的路上有私人承包康河游船的人推销，可以砍价。

船夫兼任解说员，很多都是剑桥勤工俭学的学生，我们的船长是音乐系的高材生。

迎面的桥是叹息桥，一边连着教室一边连着考场，考生去考试路过桥就会叹气……

还会看到一座名叫数学
桥的桥，是牛顿设计的。

剑桥有30多个学院，

国王学院King's College

是最主要的一个学院，当年徐志摩就是在这完成的《再别康桥》。

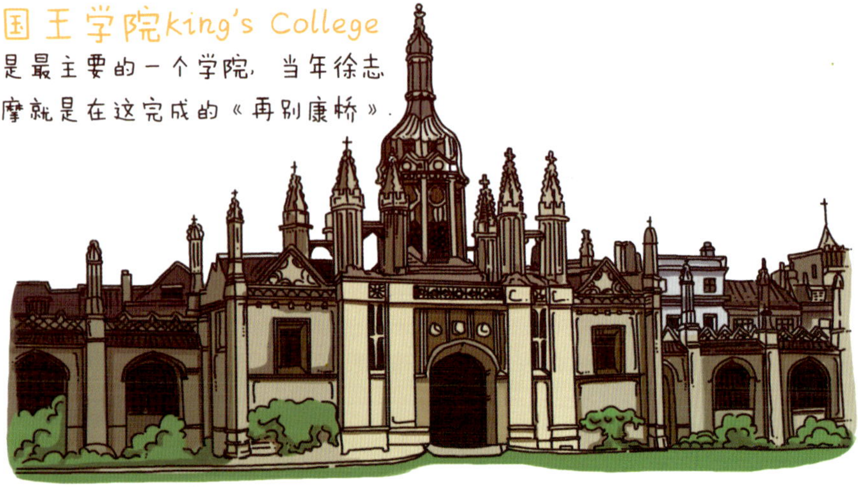

如何到达：从游客中心沿着Bene' t Street向西走就会看到。

地址：kings Parade, CB2 1ST 电话：(0)1223 331 100

开放时间：学期期间，周一至周五9:30~15:30、周六9:30~15:15 周日13:15~14:15 非学期，周一至周六9:30~16:30 周日10:00~17:00学期大概是4月中~6月中，6月底~7月初，10月初~12月初礼拜堂门票，成人£5，学生和未成年人£3.5，国王学院对面商店可以买到票。夏天的北门礼拜堂也售票。

网站：www.kings.cam.ac.uk

三一学院
Trinity College

据说来剑桥不看苹果树就不算来过剑桥。
!!
哇哦~

如何到达：从游客中心沿着Bene' t Street向西走，在kings Parade右转向北走就会找到。

地址：Trinity Street, CB2 1TQ

电话：（0）1223 338 400

开放时间：9:00~16:00，Wren图书馆：周一至周五12:00~14:00，周六10:30~12:30

票价：成人£1，未成年人£0.5

网址：www.trin.cam.ac.uk

三一学院的财力和规模都相当庞大，但我猜最令他们骄傲的应该是这棵启发牛顿发现万有引力定律苹果树吧！

??
但这百年老树也
忒细小了……

后来才知道，原来这棵树是从牛顿老家挖来的，不是原来的那棵……

圣约翰学院
St. John' s College

如何到达：从游客中心沿着Bene' t Street向西走，在Kings Parade右转向北，经过三一学院后就到啦~

地址：St.John' s College, CB2 1TP

电话：（0）1223 338 615或338 616

门票：成人£3.2，学生和未成年人£2。

开放时间：3~10月10:00 ~ 17:30，11月~次年2月，10:00~15:30 12月25日~次年1月3日关闭。之前关闭的时间不固定，可以电话咨询或网络查询。

网站：www.joh.cam.ac.uk

剑桥里的自行车

剑桥里的自行车除了是交通工具，更是一道引人入胜的奇特小景色。

剑桥大学禁止学生在小镇中心3公里之内停放机动车。所以自行车就成了主要交通工具，每个自行车都会有一个竹筐，是剑桥特色。

车筐里装几本书，穿梭在剑桥小镇，剑桥的学生真让人羡慕……

牛津 Oxford

牛津因它世界一流学府的地位和遍布各地的古迹而闻名，这里还是《爱丽丝梦游仙境》的起源处。

牛津街头

如何前往

火车，从伦敦帕丁顿车站(paddington)出发，车程1小时左右，平均每小时3个班次，有些班次需要在Reading转车。

网站：www.nationalrail.co.uk

巴士，从伦敦发车的Oxford Tube，最快12分钟一班，半夜30~60分钟一班。首站在维多利亚车站附近的Grosvenor Gardens。地铁站Marble Atch、Notting Hill Gate附近也停车，车上购票。Oxford Bus Company经营的Express X90，平均20分钟一班，24小时发车。在维多利亚巴士站（Victoria Coach Station）乘车，车程约1小时40分钟，成人票价约£14~16。

Oxford Tube

电话：(0)1865 772 250

网站：www.oxfordtube.com

Oxford Bus Company

电话：(0)1865 785 400

网站：www.oxfordbus.co.uk

市区交通

牛津火车站在牛津西边，出火车站沿Botley路和Park End街走即可进入市区。

旅游巴士，搭乘City Sightseeing旅游巴士，24小时之内不限次数上下车。绕行市区一圈约1小时，可看遍所有牛津学院，车上还有中文导游系统。夏季每10分钟左右一班，冬季20~30分钟左右一班。网络及游客中心或直接上车购票，成人£13，未成年人£6，学生£11。

电话：（0）1865 790 522

网站：www.city-sightseeing.com

人力脚踏车导游（Cycle Rickshaw Tours of Oxford），牛津很多小巷禁止汽车入内，人力脚踏车就成了不想步行游客的最佳选择。每辆车最多坐2人，1小时£30左右，需网上或电话预定。

电话：（0）7747 024 600

网站：www.oxoncarts.com

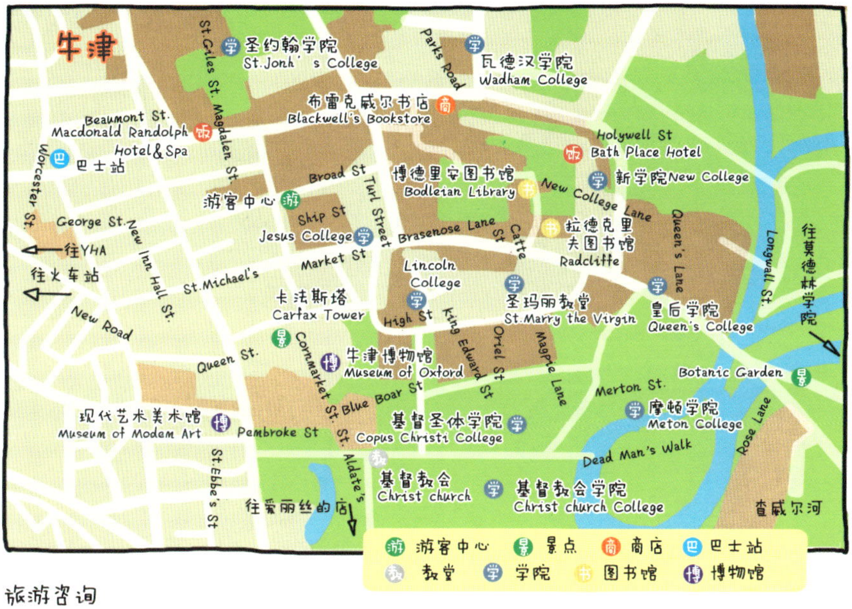
牛津
圣约翰学院
St.Jonh's College
瓦德汉学院
Wadham College
Parks Road
布雷克威尔书店
Blackwell's Bookstore
Beaumont St.
Macdonald Randolph
Hotel&Spa
巴士站
Worcester St.
St.Giles St.
Magdalen St.
Holywell St
Bath Place Hotel
新学院New College
Broad St
博德里安图书馆
Bodleian Library
New College Lane
游客中心
Turl Street
Ship St
Jesus College
George St.
往YHA
往火车站
New Inn Hall St.
Brasenose Lane
Catte St
拉德克里
夫图书馆
Radcliffe
Queen's Lane
Longwall St.
往莫德林学院
Market St
St.Michael's
Lincoln
College
卡法斯塔
Carfax Tower
High St
圣玛丽教堂
St.Marry the Virgin
皇后学院
Queen's College
New Road
Queen St.
Cornmarket St.
牛津博物馆
Museum of Oxford
King Edward St
Oriel St
Magpie Lane
Botanic Garden
Merton St.
Blue Boar St
摩顿学院
Meton College
现代艺术美术馆
Museum of Modem Art
Pembroke St
基督圣体学院
Copus Christi College
St.Ebbe's St
St.Aldate's
Dead Man's Walk
Rose Lane
基督教会
Christ church
基督教会学院
Christ church College
往爱丽丝的店
查威尔河
游客中心
景点
商店
巴士站
教堂
学院
图书馆
博物馆

旅游咨询

游客服务中心

时间有限的游客可在游客中心报名参加由专人带领解说的活动，比如城市之旅，“哈利·波特”主题之旅等等，时间和票价可电话咨询。

地址：15-16 Broad Street, Oxford, OX1 3AS。

电话：（0）1865 252 200

服务时间：周一至周六9:30~17:00，周日及假期10:00~16:00

网站：www.visitoxford.org

住宿咨询

Bath Place Hotel

地址：4-5 Bath Place, Holywell Street, OX1 3SU

电话：（0）1865 791 812

网站：www.bathplace.co.uk

YHA

地址：2a Botley Road, Oxford

电话：（0）845 371 9131

传真：（0）1865 251 182

网站：www.yha.org.uk

威尼斯风格建筑
很有名的叹息桥

你好！
你好，你是中国游客？
偶遇同胞，很亲切~
嘿嘿，我在牛津读书，假期过来看看。
天啊！我竟然认识了一个牛津留学生！
!
呃，其实牛津只是小镇名，里面还有其他大学的。像北京城里的北大啊……
呃……

……
原来如此！早说清楚嘛！！

卡法斯塔Carfax Tower

如何到达：从George St.向东走，在Cornmarket St.右转南行，与Queen St.交叉口抵达。

地址：Carfax, OX1 1ET 电话：（0）1865 790 522

开放时间：4至9月10:00~16:30，11月至次年2月10:00~15:30

票价：成人£2.2，15岁以下£1.1

在卡法斯塔俯瞰牛津

拉德克里夫图书馆
Redcliffe Camera

牛津的地标性建筑

地址：Radcliffe Square　电话：(0)1865 277 162

开放时间：周一至周五9:00~17:00，周六9:00~16:30 周日11:00~17:00。

门票：无导游£1，使用语音导游£2.5。

网站：www.bodleian.ox.ac.uk

Bodleian图书馆是牛津最权威的图书馆，所有牛津出版物在出版时都会送到这里一份珍藏。听说已经六百多万册啦！一会儿可以进去看看，不是牛津学生也没关系。

莫德林学院
Magdalen College

三大古老学院之一，后方有一块草地上养着麋鹿，一定得去看看。

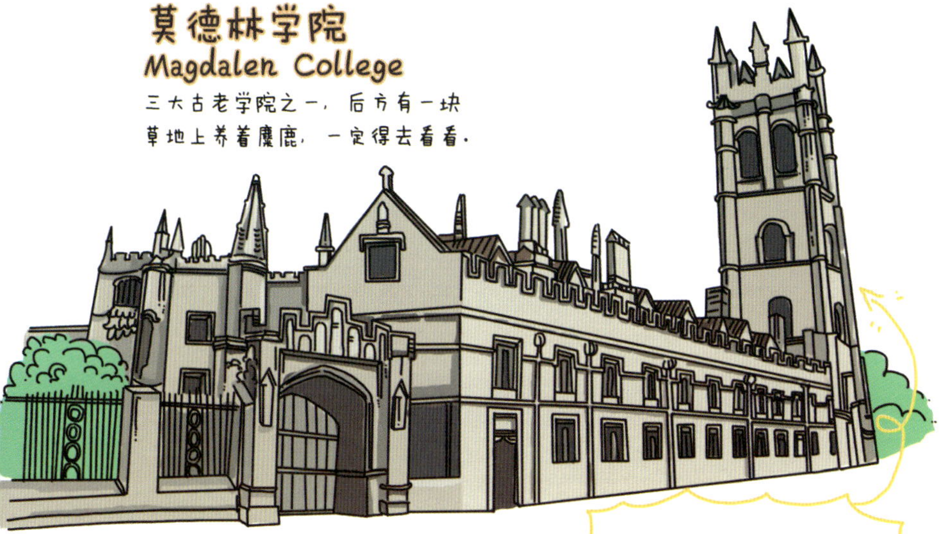

如何达到：从George St.右转New Lnn Hall St.直走，左转Queen St.，继续直走可连接High St.。

地址：High St..，OX1 4AU　电话：（0）1865 276 000

开放时间：7至9月12:00~19:00，10至6月13:00~18:00。12月23日~次年1月3日休息。

票价：成人£5，学生£4，含中文导游手册。1月1日下午免费。

网站：www.magd.ox.ac.uk

每年5月1日的五朔节清晨六点，学院唱诗班成员会登上钟塔顶端颂歌，迎接夏天。

进入Magdalen College前，
收起相机，整理一下……
看起来像学生了。
从容地往里面走，不要看porter，可以省4英镑……
霸气外露

另一个重磅推荐就是**基督教会学院** Christ Church College，因为哈里·波特和爱丽丝，使这里变成牛津最有名的学院。

记得这里吗？《哈里·波特》里霍格沃茨魔法学校的宴会厅，之前参观学生们的食堂，也是长桌子。

另一景是教堂，虽然其他学院也有，但这个是牛津市的主教教堂，也是全英国最小的主教教堂。建筑本身值得游览！注意彩色的玻璃吧！

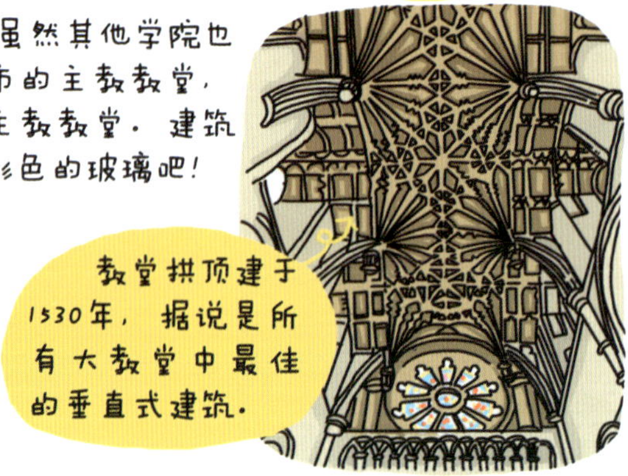
教堂拱顶建于1530年，据说是所有大教堂中最佳的垂直式建筑。

偶遇贵族小正太，浑身散发着骄傲又顽皮的气质。

礼品店里的小侧门

温馨小提示：
进入基督教会学院后还是要按照游客参观路线游览，以免打扰学生和教职员工作作息。

如何到达：从George St.向东走，于Cornmarket St.右转南行。
地址：St.Aldate's, OX1 1DP
电话：(0)1865 276 492

开放时间：周一至周六9:00~17:00，周日14:00~17:00，最后进入时间16:30。开放时间常调整，最好先打电话确认。票价：成人£8。若教堂或大厅不开放：成人£6。票价有浮动可网站查询：www.chch.ox.ac.uk

这一区其他值得参观的景点

摩顿学院
Merton College

地址：Merton St., OX1 4DJ
电话：(0)1865 276 310
开放时间：周一至周五14:00~16:00，开放时间会因学校教学时间调整需要提前电话咨询。
票价：门票免费，图书馆£2。
网站：www.merton.ox.ac.uk

除了看高塔建筑，另一个参观重点就是各种造型的笕嘴，和我们平时见到的导水用的管子区别很大。

创意又霸气
并且形态各异

司机Hunk
旁听的俄罗斯美女
你好，你是中国人？
嘿嘿，是啊！
出发前聊天

我也去过中国！香港，上海，北京，我都很喜欢呢！

今年假期还想去中国，你说新疆好呢还是安徽好呢？
都很好啊，应该推荐他都去……可是新疆“早穿皮袄晚穿纱”这这这，怎么说？
早=morning
皮袄=？？
纱？？

安徽吧，黄山很美呢……
想介绍景点，可是很词穷……
好啊！谢谢你的建议。
最后要出发，我们准备坐回座位。
这是我的电话和邮箱，在英国有什么问题可以找我啊！
谢谢！回国也要一直保持联系！
这个小小的举动真的让人很感动……希望在中国可以有机会见面，给Hunk介绍中国美食！

Alice Shop

标志摆设照一张也要排队……

小店已经有五百年的历史，店门口的牌子上写着“各种充满奇特事物……”不过小小的店也需要排队……

hi, guys~

爱丽丝的店 Alice Shop

如何到达：基督教会学院继续往南2分钟可到。地址：No.83 St. Aldates OX1 RA
电话：(0)1865 723 793 开放时间：7~8月9:30~19:00，9月~次年6月10:30~17:00，12月25日~12月26日休息。
网站:www.aliceinwonderlandshop.co.uk

《爱丽丝梦游仙境》的作者本名道格森，笔名卡尔。他曾在基督教会学院读书后任教于此。

斯特拉特福Strat-ford-upon-Avon

如何前往

火车：从伦敦Euston车站(EUS)前往斯特拉特福，车程需2小时40分钟，每小时一班车，在伯明翰转车，从New Street车站步行到Moor Street车站。也可搭乘Marylebone车站(MYB)出发的直达车，2小时20分可抵达，班次少。从牛津前往斯特拉特福在Leamington Spa换车，耗时1小时40分。电话：(0)8456 005 165

网站：http://www.chilternrailways.co.uk/

巴士：National Express巴士每天3班次，从维多利亚车站(Victoria Coach Station)前往斯特拉特福，车程3.5小时。

电话：(0)8705 80 80 80

网站：www.nationalexpress.com

市内交通

在镇内可以步行或选择旅游巴士。在服务中心前发车，经过5栋和莎士比亚有关的房子。成人£11.5，未成年人£6。或加入莎士比亚之屋联票，车票+4栋房子（任选），成人£25，未成年人£14。可在游客中心或者司机购票。

电话：（0）1789 412 680

旅游咨询

游客服务中心Bridgefoot，CV37

电话：(0)870 160 7930

服务时间：周一至周六9:00~18:00

周日：11:00~17:00

网站：www.shakespeare-country.co.uk

皇家莎士比亚剧院 Royal Shakespeare Theatre

如何到达：火车站出口往东边亚温河方向直走，行经Green Hill St.，Wood St.，Bridge St.在Waterside右转步行5分钟，The Courtyard Theatre继续前行，可抵达。

地址：Southern Lane，CV37 6BB

电话：(0)844 800 1110

网站：www.rsc.org.uk

在皇家莎士比亚剧院里，每天都有莎翁的歌剧或者舞台剧上演，门口的小架子上有免费的节目单。寻找莎士比亚之旅大概从这里就可以开始了。

斯特拉特福小镇的整条旅游线路都是关于莎士比亚。查询网站：houses.shakespeare.org.uk

莎士比亚出生地Shakespeare's Birthplace，地址：Henley Street，CV37 6QW；莎士比亚母亲的屋子Mary Arden's House，地址：Station Road，Wilmcote，CV37 9UN；莎士比亚妻子之屋Anne Hathaway's Cottage地址：Cottage Lane，Shottery，CV37 9HH；霍尔园Hall's Croft（莎士比亚大女儿去世之前的居所）地址：Old Town，CV37 6BG；纳什之屋New Place&Nash's House 地址：Chapel Street，CV37 6EP；圣三一教堂Holy Trinity Church（莎士比亚埋葬的地方）地址：Old Town，CV37 6BG。

在街口，看到一个在表演的小丑。他是莎翁著作《亨利八世》中的人物，小丑有句名言是："我很丑，但是我很快乐"。

Shakespeare's Birthplace
当年这座房子一半作住宅，一半作手工作坊。
房子现在看来还是很好。

1564年莎翁就是在这里出生的，并且度过了童年时光。
布置得太细致了，还有个小娃娃当婴儿。

用餐的地方，据说陈列物都是依照原样摆放。

有人在院子里表演莎翁的作品。那么个小屋子，每年都会来几百万游客。

莎士比亚出生地
Shakespeare's Birthplace

如何到达：火车站出口西行至Greenhill St.，遇到双叉路口向Meer. St.直行到Henley St.左转。开放时间：4~9月每天9:00~17:00，7~8月延长至18:00，11月~次年3月每天10:00~16:00。票价：成人£12.5 未成年人£8，凭票可以参观纳什之屋和霍尔园。

莎士比亚妻子之屋
Anne Hathaway's Cottage

茅草屋顶
有20吨重

小屋原料：木材，石头，砖块。17世纪后就没改变过外貌。

莎士比亚14岁时家道中落，他中断学业外出谋生。18岁时，与大他8岁的安妮结婚后住在这里。

圣三一教堂
Holy Trinity Church

如何到达：从High St.向南直行，经过Chapel St.，Church St.再左转Old Town过霍尔园南行抵达。地址:Old Town，CV37 6BG

开放时间：3月~10月周一至周六9:00~17:00周日12:30~17:00，4~9月周一至周六8:30~18:00周日12:30~17:00，11月~次年2月周一至周六9:00~16:00周日12:30~17:00，最后入场时间关门前20分钟。

电话：(0)1789 266 316

网站：www.stratford-upon-avon.org

莎翁在圣三一教堂洗礼，死后与他的夫人一起埋葬于此，教堂里还有当时莎翁洗礼的记录。教堂旁边是霍尔园，莎士比亚女儿婚后的住所。

%off
SALE

小镇并不大，但也有很多特色商店。在一家很小的店里买了几张明信片，小店虽然不起眼，却还做房屋中介……一幢2层楼的别墅价格在这里大约30万英镑左右……

如何寄明信片？

对不熟悉英国的人来说，银行和邮局都不好找。

银行不会标出提示

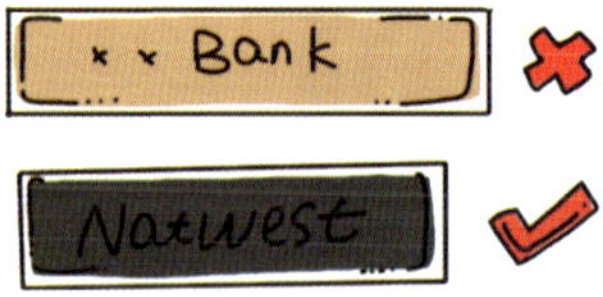
× × Bank
Natwest

却用一个单词代替……比如Natwest威斯敏斯特银行。邮局好一点，有个小标志。只能顺标志找到邮局。

POST
OFFICE

我要寄回国几封，还要寄给在伦敦时住B&B的老板。

寄回国的明信片需要贴76便士邮票并印蓝色的空运标志，地址只要先写上To China，后面就可以写中文。寄往英国国内的信，地址顺序是：门牌号—路号—区名—市名—省名。

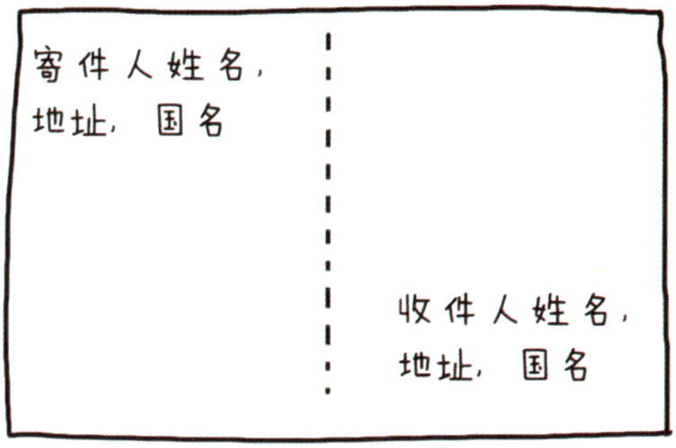
寄件人姓名，
地址，国名
收件人姓名，
地址，国名

寄到伦敦的信，工作人员问我是邮哪一种。

first class or second class?
what's "first class" mean?
blah blah blah blah
blah blah blah blah

继续blah blah~~
到底什么意思啊?

blah 了5分钟以后

好像有点明白了!

一种是第二天到的，另一种则要两天以上到。就是我们所说的平邮和快递。

平邮价格是23便士，快递34便士。付完钱，她给我一张小邮票。

1st

胶水在哪里……

lick!
Could you tell me how to use it, please??
lick=舔?!
窗口里面的工作人员也做了一个舔的示范……
呃……

?
?
?
我也不想的……

斯特拉特福
往莎士比亚母亲的屋子
长途巴士站
莎士比亚中心
Shakespeare Centre
莎士比出生地
Shakespeare 's Birthplace
图书馆
Guild St.
Arden St.
Mansell St.
Windsor St.
Henley St.
泰迪熊博物馆
Teddy Bear Museum
往火车站
Greenhill St.
Meer St.
Union St.
Bancroft Place
Arden Park
Ensuite Rooms
Wood St.
Bridge St.
游客服务中心
Bridge Foot
Wellesbourne Grove
周五集市广场
High St.
往莎士比亚妻子的屋子
哈佛之屋
Harvard House
高尔纪念园
Gower Memorial
Ely St.
盖瑞克餐厅
Garrick Lnn
市政厅
Town Hall
Sheep St.
Grove Rd.
米兰银行
Midland Bank
班克罗夫特花园
Bancroft Gardans
Rother St.
Salamander guesthouse
The Legacy Falcon Hotel
Chapel St.
纳什之屋
New Place&Nash' s House
皇家莎士比亚剧院
Royal Shakespeare Theatre
Theatre
Scholar' s Lane
花园
New Place Garden
ChapelLane
爱德华六世文法学校
Grammar School
天鹅剧院
Swan Theatre
Chestnut Walk
Church St.
Waterside
霍尔园
Hall' s Croft
码 渡船搭乘处
往圣三一教堂
景 景点 教 教堂 游 游客中心 学 学院 政 政府机关 巴 巴士站
书 图书馆 剧 剧院 博 博物馆 饭 饭店 码 码头 餐 餐厅

湖区
Lake District

如何到达

火车，从伦敦，苏格兰，伯明翰，曼彻斯特等地出发到Oxenholme，再换往温德梅尔(Windermere)的火车，20分钟可到，约50分钟一趟。从伦敦Euston火车站出发，往Oxenholme的直达车，2.5小时可到。从爱丁堡出发至Oxenholme的直达车，约2小时，从曼彻斯特出发约1~1.5小时。

电话：(0)8457 484 950

网站：www.nationalrail.co.uk

市内交通：巴士Stagecoach North West 巴士分两种：一种是一般巴士，一种是标志性的红色双层旅游巴士。旅游巴士599从kendal出发，一般会经过波纳恩，温德梅尔，安布尔塞德和格拉斯米尔。车票可在车上购买。湖区巴士3~10月比较多。

湖区比较常用的公交线路：77，77A，78路是北部keswick附近常用线路。77，77A线路一样，77为逆时针，77A是顺时针。线路每天4班，2小时一班。77A在keswick站的首末班时间为9:20和15:30；77则是10:20和16:35。两班车全程运行的时间是95分钟。网站：www.stagecoachbus.com

湖区游客中心

Brockhole, Windermere, LA23 1LJ

电话(0)1539 446 601

www.lake-district.gov.uk

湖区旅行自驾游会很方便，租车信息可以致电：(0)1539 444 408

网站：www.lakes-supertours.com

温德梅尔区Windermere &波纳思Bowness

温德梅尔和波纳思可谓是唇齿相依，是湖区游客最多的地方。两个小镇距离约30分钟路程，可乘坐599巴士往返两地。

很多人都说，来湖区不要错过像美人一样的温德梅尔湖。

你会不会啄人
啊，嘴那么长！

湖边有很多天鹅和其他水鸟，饼干薯片都准备好吧，它们真是来者不拒。

温德梅尔湖是湖区最大的湖泊，可以搭乘游轮到湖中心转一圈。

船长即是
导游哦~

乘船路线有红、黄、蓝三种选择，蓝色线在湖中游览，其余两条线路分别游览湖的北部和南部，北线到达Waterhead再返回Bowness；南线到达Lakeside，这里可以选择蒸汽火车游览Leven峡谷，再回到Lakeside乘船返回Bowness。天气好的话租条小船自己做船长。三条路线的价格从£6.6~£19.5不等。

查询网址：http://www.windermere-lakecruises.co.uk

小孩都会喜欢

毕翠斯·波特的世界
The world of Beatrix Potter

It's just a Hop, Skip and Jump

如何到达：温德梅尔火车站搭乘599或541到波纳思码头Bowness Pier下车，步行5分钟左右可抵达。

地址：The Old Laundry Bowness-on-Windermere, Lake District, Cumbria

电话：（0）844 504 1233

开放时间：夏季10:00~17:30，冬天10:00~16:30，12月25日休息。票价约每人£8。

网站：www.hop-skip-jump.com

湖区旅行的第一天在轻松中度过，晚上回到青旅吃饭，正巧碰到一对法国夫妻。

请问你杯子里的是中国茶叶吗?
好特别的香味。
哦? 是啊……要尝尝吗?!
好啊! 谢谢!

回答得好异口同声啊……还真不客气。

这是中国的铁观音。
好味道。
真特别。

出发之前想带中国结来做后备礼物和外国人交换以备不时只需，但听说他们早不稀罕中国结了。没想到偶然带来的茶叶竟然这么受欢迎……外国人还真难懂。

成功！

第二天出发的时候天气晴朗，10点左右却下雨了……英国的天气只能说是"脾气太大"，一天之内都能"变脸"很多次。

所以说准备雨衣&裤是多么有必要啊！
雨伞完全派不上用场……
有风防风
下雨防雨

第二天的行程是这样的：安布尔塞德Ambleside—鸽屋暨华兹华斯博物馆Dove Cottage and the Wordsworth museum—姜饼屋-The Grasmere Gingerbread Shop

安布尔塞德Ambleside

如何到达：可搭乘599巴士，或者在波纳思码头搭乘游轮到Waterhead，步行15分钟左右。

安布尔塞德位于湖区中心地带，小屋是板岩材质，这里不住人但是有很多纪念品可买。虽然建筑是迷你尺寸，但很值得看一下……

鸽屋&华兹华斯博物馆
Dove Cottage & the Wordsworth museum

湖畔派诗人William Wordsworth的很多作品都是在这里诞生的。

如何到达：599路巴士到Grasmere Centre站下车。地址：Dove Cottage Grasmere. 电话：(0)1539 435 544 开放时间：3月至10月9:30~17:30，最后入场时间17:00，11月~次年2月9:30~16:30，最后入场时间16:00。1月闭馆。
票价：成人票：£7.5，儿童票：£4.5（6岁以下免费）。
网站：www.wordsworth.org.uk

在鸽屋内有每半小时一次的讲解导游团，小屋内比较潮，工作人员会生起壁炉。据说收藏了5万件藏品，包括诗人的手稿以及其好友何立芝和德·昆西的作品。

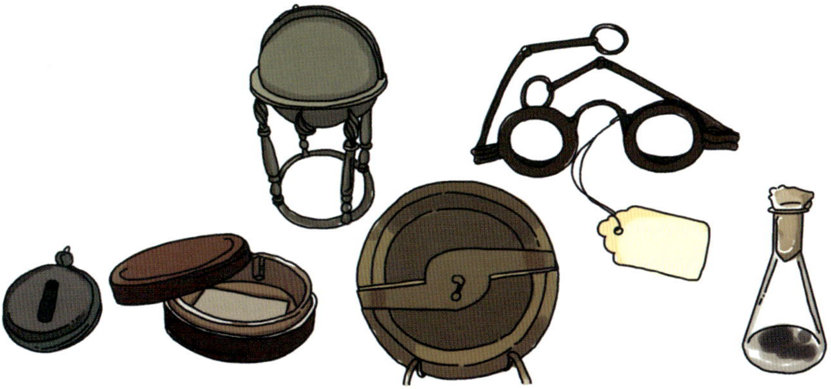

姜饼屋 The Grasmere Gingerbread Shop

如何到达：公交车进入Grasmere村的中心，沿着路走能找到墓园和St. Oswald's教堂，沿着墓园内的小路一直走到出口，闻到浓浓的姜饼味就到啦~营业时间：周一至周六9:15~17:30 周日12:30~17:30。网站：www.grasmeregingerbread.co.uk

看着怀旧的陈设和衣着，
好像进了时光穿梭机。

我的字典里从来没有“不好吃”这仨字儿！
不好吃

好多人反映，姜饼味道吃不惯。但我觉得姜饼有点偏硬，味道虽然怪却不难接受，配搭热茶应该会加分。价格是￡3/6块，￡5/12块。

凯兹克 keswick
Castlerigg Stone Circle
A591
Ullswater
Derwent Water
Ashness Bridge
A592
Thirlmere
Grange
姜饼屋
The Grasmere Gingerbread Shop
Haweswater
Brothers Water
Scafell Pike (highest in England)
Langdale Pikes
鸽屋 Dove Cottage
Grasmere
格拉斯米尔
莱德山庄 Rydal Mount
Grasmere
圣母教堂
St.Mary's Church
Elterwater
Rydal Water
安伯塞德
Amberside
A593
Waterchead
鹰岬文法学校
Grammar School
游客中心
Coniston
温德梅尔湖
Widermere Lake
温德梅尔 Widermere
鹰岬 Hawkshead
波纳思 Bowness
Coniston Water
毕翠斯·波特的世界
The world of Beatrix Potter
丘顶 Hill Top
Oxenholme
火车站
波纳思码头
Bowness pier
Lakeside
景 景点 教 教堂 学 学院 码 码头
火 火车站 游 游客中心

七、苏格兰

苏格兰Scotland

爱丁堡Edinburgh

如何前往

飞机：爱丁堡国际机场(EDI)，英国很多城市都有航班，从伦敦至爱丁堡约1小时。廉价机票依然可以到easyjet订。

网站：www.edinburghairport.com

www.easyjet.com

巴士：Airlink100巴士，进入社区后经过王子街(Princes Street)到火车站，平均10分钟一班次，车程约30分钟，单程票价£3.5，往返£6，可车上购票。网站：www.flybybus.com

出租车：在出境大门外可以打车，到市中心约£15。

火车：从伦敦国王十字火车站(KGX)到爱丁堡瓦佛利车站(EDB)的直达火车，用时4.5小时，约每半小时一班。从约克出发大约2.5小时抵达，从格拉斯哥皇后车站(GLQ)直达爱丁堡，车程约50分钟左右。约每15分钟一班次。

电话(0)8457 484 950

网站：www.nationalrail.co.uk

火车票可在火车站售票口购买。火车站离王子街很近，可以去王子街逛一逛，顺便去游客中心去一趟，王子街的购物商店很多。

长途巴士：National Express 巴士每天有两班从伦敦维多利亚车站(Victoria Coach Station)到爱丁堡，车程约9小时，有夜车。Megabus的服务，网站常有£1的巴士票。约克出发，一天两班，车程约6.5小时。或从格斯拉哥出发，车程大约70分钟。

网站：www.nationalexpress.com

megabus.com

市区交通：到皇家植物园（Royal Botanic Garden）及皇家游艇（Royal Yacht Britannia）可以选择公交。

公交车：Lothian（市区公交为主） 和First(提供通往外围地区巴士)两家公司联合经营，旅客可以车上购票。市区公交Lothian单程票价£1.2也可以购买1日票£2.5。

旅游巴士：有5种线路可选，24小时无限次数上下。City Sightseeing提供中文导游。购票前最好索取地图。巴士们都是在Waverley Bridge发车，9:30~17:30每20~30分钟一班次，7~8月会增加班次。成人£12，学生£11，5~15岁£5。以皇家为主题Royal Edinburgh Ticket，可在2天内无限次乘搭，成人£42，学生£37。还有一些其他选择，可以登录官网。地址：Edinburgh Bus Tours Waverley Bridge Edinburgh EH1 1BQ UK

电话：（0）131 220 0770

网站：www.edinburghtour.com

爱丁堡通行证Edinburgh Pass

通行证提供导游行程，餐厅和商店折扣，免费机场巴士和市内一日游巴士。还可免费进入30个景点。通行证使用期限为1~3天，不同天数不同价钱。票价：成人，一日游£29，二日游£39，三日游£49。儿童，一日游£18，二日游£24，三日游£30。

可以在网站购买：www.edinburgh.org/pass/或www.visitbritain.com

旅游咨询

爱丁堡及苏格兰游客服务中心

如何到达：车站向王子街方向，上楼梯后左转至购物中心即可找到。

地址：3Princes St.EH2.2QP. 电话：(0)131 473 3820

以皇家哩大道为中心的区域称为旧城区(Old Town)，北边王子街以北则为新城区(New Town)。

行程建议：爱丁堡的旧城区步行游览基本就可以看完

爱丁堡城堡—苏格兰威士忌中心—圣盖尔教堂—苏格兰国家博物馆—皇家哩大道—苏格兰国会—夜晚的地下社会导游行程

新城区的几个景点需要乘车，卡尔顿丘—苏格兰国家画廊—(公车)—皇家游艇/皇家植物园—(公车)—王子街

登录到爱丁堡开始找预约的
budget backpackers hostel
网站:http://www.budgetbackpackers.com

我到底在哪啊？！

她在对我笑吗？
因为旁边没有人，所以我确定她是在对我笑，于是回报微笑。
是不是迷路啦，需要我帮忙吗？
是啊……

直走左转就到啦！很容易找到的！
谢谢！
谢谢！再见！
再见！
早听说苏格兰人民热情，原来是真的，还没开始游览我就喜欢上这里了。

爱丁堡城堡
Edinburgh Castle
到爱丁堡旅游的人都不会错过爱丁堡城堡，位于死火山的花岗岩顶上，在市中心各角落都可看到。

爱丁堡城堡处于易守难攻的地理位置，从古炮就能看出当时防御是十分谨慎的。每天的下午1点会鸣空炮，还会听到激昂的苏格兰风笛。城堡里陈列了不少历史文物和兵器军装，很值得一看。

如何到达：火车站旁边的Waverley Bridge往上走，任何一条路都能到皇家哩大道，右转向西走，就会发现城堡。地址：Castle Hill EH1 2NG.
电话：（0）131 225 9846 开放时间：4至9月9:30~18:00，10月至次年3月9:30~17:00，12月25~26日休息。票价：成人£14. 5~15岁未成年人£8.2。
网站：www.edinburghcastle.gov.uk

苏格兰威士忌中心
Scotch Whisky Heritage Center

威士忌是苏格兰的生命之水。有四个不同的产区，高地、低地、伊莱岛以及斯贝赛，酿成后的口味也不太一样。

白酒没有二次蒸馏和在木桶中陈化的过程，而威士忌经过陈化，才会带着这种特别的花果香和颜色。
原料都是粮食，威士忌跟我们中国的白酒有什么区别？

最后可以免费品尝威士忌，杯子也可以带走做纪念。

大家在讨论威士忌的正确喝法。

如果有官方喝法，但品尝者不喜欢，那又有什么意义呢。

苏格兰威士忌中心位于爱丁堡广场前。
地址：354 Castlehill, The Royal Mile
电话：(0) 131 220 0441
开放时间：每天10:00~18:30（最迟入馆参观时间是下午5:00）夏季延长开放时间。
票价：成人£11.5，6~17岁£5.95，学生£8.95。
网站：http://www.scotchwhiskyexperience.co.uk
里面有工作人员解说，也有中文语音导游。

爱丁堡是一个非常适合穷游的地方，因为免费的景点非常多。

圣盖尔教堂St. Giles Cathedral
网站：www.stgilescathedral.org.uk
人民故事馆 The People's Story
网站：www.edinburgh.gov.uk
儿童博物馆Museum of childhood
网站：www.edinburgh.gov.uk
格子呢编织工厂
Tartan Weaving Mill & Exhibition
网站：www.edinburgh-royalmile.com
苏格兰国会The Scottish Parliament
网站：www.scottish.parliament.uk

爱丁堡艺术节
Edinburgh Art Festival

如果不是专门看表演，没有预约剧场，可以穿过人海去看景点，既感受了气氛也不耽误行程，不过景点的人会非常多。每年5~9月是游览爱丁堡的最佳季节，主要节庆期间(8月到9月初，新年1月1日)非常拥挤。爱丁堡艺术节：www.eif.co.uk

在博物馆门口的草地上，有人穿比基尼晒太阳，太会享受啦！

※一定要看好自己的财物，手机和钱包如无必要，不要拿在手里。虽然说英国的犯罪率很低，但在艺术节这么混乱的日子，手机或钱包被抢也不是不可能的！

整个大街全部被堵满，想要快步前进几乎是不可能的。
第一次见到这么多人，还以为是游行……

表演者也向路人们分发表演广告。所以在艺术节遇到怎样打扮的人都不奇怪。很多表演叫FRINGE，在小礼堂演出，但每个地方排队的人都数不清。
接受任何形式的表演哦！
UNDIA SIN
RISAESUN
DIAPERDIDO
我在你们口袋里藏了个宝贝哦！

看我把它们
变出来！

人们围着不同的艺术表演着，主动融入和配合着……

各位注意啦！

参加街头艺术节只要自称是艺术家就可以轻松表演啦~

他们在和乐队一起演奏《苏格兰勇士》（Scotland the Brave）。

来的时候听旅馆的人说爱丁堡国际艺术节才是最有档次的。其他的都是边缘艺术，层次低，没什么可看性。但看着艺人们的表演，完全不觉得这种艺术节层次低，在伦敦参观设计博物馆的时候，记得听过这样一句话，进步意味着简化而非复杂。从服装到布置，亲力亲为，融入在生活里在大众之中的表演，才是最好的。

爱丁堡
皇家植物园
Royal Botanic Garden
Dundas St
新城区
York Pl
巴士站
皇家游艇
Royal Yacht Britannia
Central YH
卡尔顿丘 Calton Hill
国家纪念碑 National Monument
人民故事博物馆
People's Story Museum
Waterloo pl
瓦佛利火车站
Waverley Station
St Andrew
Romanes&
Paterson
Hanover St
往现代艺术馆 Queen St
乔治官邸
The Georgian House
Tipu's
Lndian Lounge
Frederick St
Jenners百货公司
苏格兰纪念碑
Scott Monument
Charlotte
Square
George St
Castle St
Roxburghe Hotel
Rose St
Scharl St
The kenilworth
Prince St
苏格兰国家画廊
National Gallery of
Scotland
往Grosvenor
Gardens Hotel
格子呢编织工厂
Tartan Weaving Mill&Exhibition
Kings Stables Rd
爱丁堡城堡
Edinburgh Castle
Castle Hill
Lothian Rd
Castle Terace
Johnston Terrace
Castle Rock Hostel
Grassmarket
West Port
Spittal St
苏格兰威士忌中心
Scotland Whisky Heritage Center
Waverley Bridge
North Bridge
Calton Rd
约翰诺克斯之屋
John knox House
Balmoral
East Market St
Jeffrey St
Edinburgh Military
Tattoo
Market ST
N Bank St
Deacon Brodie's
Tavern
High St
St Mary's St
Regent Rd
Ye Olde
Christmas Shopp
The Soap Co.
荷里路德宫
Palace of
Holyroodhouse
Canongate
苏格兰国会
Scottish Parliament
Macdonald
Holyrood Hotel
儿童博物馆
Museum of Childhood
Mai Thai
Metro YH
Holyrood Rd
St.Giles
Cathedral
Cowgate
George IV Bridge
South Bridge
Celtic Craft Centre
kenneth Mackenzie
Witchery
restaurant
The Elephant
house
Chambers St.
爱丁堡大学
Edinburgh University
Pleasance
Greyfriars kirk
Greyfriars
Bobby
格雷史东之屋
Gladston's Land
Potterrow
Nicolson St
W Nicolson St
旧城区
苏格兰国家博物馆
National Museum of Scotland
爱丁堡大学 Edinburgh University
景点 教堂 饭店 博物馆 商店 皇家哩大道
餐厅 游客中心 城堡 火车站 巴士站 学院

八 北爱尔兰

北爱尔兰 Northern Ireland

很多人都选择坐豪华游轮

如何前往

飞机：Belfast贝尔法斯特有两个机场，George Best Belfast City Airport乔治•贝斯特贝尔法斯特城市机场和Belfast international airport贝尔法斯特国际机场（距市区20英里），英国重要城市到这两个机场都有班次。George Best Belfast City Airport的Flexibus route 600可以从机场到Europa Hotel和Belfast Great Victoria Street railway station .贝尔法斯特维多利亚大街火车站附近。大约每20分钟一趟车。Belfast international airport 有巴士服务，周一至周六每天早上6点至下午6点，往返于斯火车站，贝尔法斯特国际机场和Antrim Buscentre安特里姆车站。

网站：www.belfastairport.com

订机票：www.easyjet.com

渡轮：贝尔法斯利物路线，票价£79。从利物浦去贝尔法斯特的轮船有两班：一班是上午10点，一班是晚上10点，游轮很豪华，约8小时可到达。

订票网址：www.stenaline.co.uk

市内交通

铁路：Northern Ireland Railway 北爱尔兰廉价票只有一种，21岁以下有约1/3优惠。belfast当天往返coleraine约£20，可以网络订票。

公交Ulsterbus：主要是各城镇之间和乡村之间运营，具体路线可登录网站查询。从Coleraine科尔雷恩到Giant's Causeway巨人之路可乘172路直达，往返票价约£4。在Giant's Causeway景区内也有Ulsterbus，单程£1，往返£2。网上只能查车次表查不到票价，可以电话咨询。

电话：（0）28 90 66 66 30

住宿：Belfast International Youth Hostel

地址：22-32 Donegal Road, Belfast, Northern Ireland.

如何到达：旅馆就位于在Belfast's University（贝尔法斯特大学区），Shaftesbury Square（沙夫茨伯里广场）旁边。从Europa bus站步行约10分钟到达Dublin bus站，沿Great Victoria Street直走到达Great Victoria Street巴士站，右转后在肯德基所在的Shaftesbury Sq再右转。旅馆在刚过去的巴士站左边。

网站：http://www.hostels.com/hosteldetails.php/HostelNumber.452

北爱尔兰旅游网：

www.discovernorthernireland.com

放下行李，顺便逛逛贝尔法斯特市城区。

商业区Victoria Square

如何到达：维多利亚广场距离中央火车站只有几步之遥，附近有Laganside汽车站。乘坐地铁：18，19，26，26A，26B，27，28，31号，在Victoria Square Metro Point/ Chichester Road下。网址：www.victoriasquare.com

拉甘河（Lagan River）畔的大鱼

大鱼the Big Fish身上印满了关于这座城市的历史信息图文。

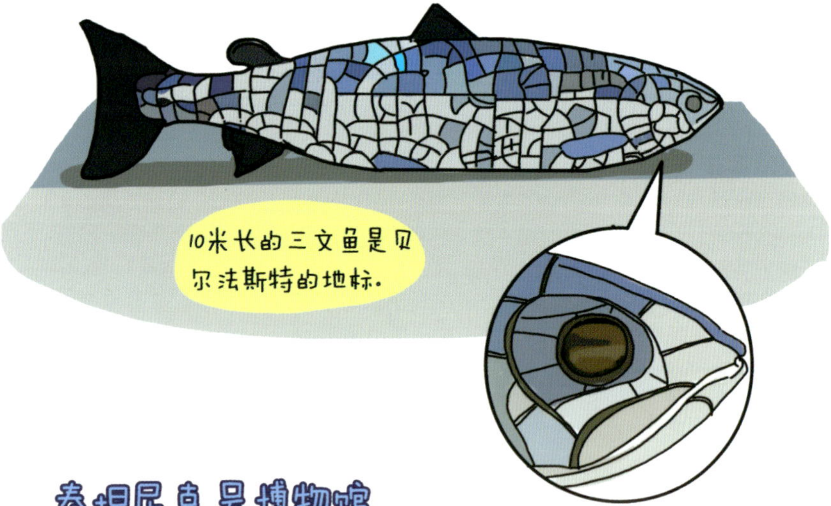
10米长的三文鱼是贝尔法斯特的地标。

泰坦尼克号博物馆 Titanic Belfast

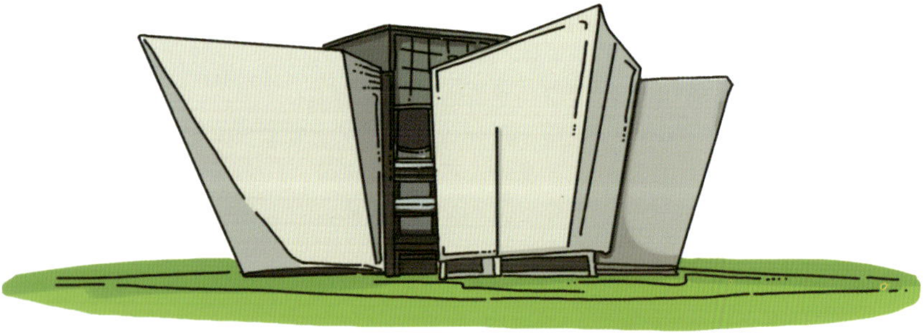

在贝港，发现世界变得好大，建筑都需要仰望。

地址：Ticketing Enquiriestitanic Belfast LimitedTitanic House6 Queen's RoadBelfastBT3 9DT. 开放时间：4~9月9:00~19:00，10月~次年3月10:00~17:00，周一休息，12月24日~12月26日休息。
电话：（028）9076 6386 网站：The-Titanic.com

第二天就来到爱尔兰核心景点：

巨人堤 TheGiant's Causeway，推荐一个比较方便的方法，被称做Giant's Causeway Tour的旅行，跟着旅游巴士游览巨人堤。正好在青年旅馆出发。发车时间在早晨9:15左右，19:00返回。成人£25，儿童£17.5，学生£22。
电话：028 9031 5333 网址：www.minicoachni.co.uk/giants-causeway.cfm

途中会经过的景点：卡瑞克福格斯城堡（Carrickfergus Castle），卡里克空中索桥（Carrick-A-Rede），布什米尔斯威士忌酿酒厂（Old Bushmills Distillery），巨人堤（Giants causeway）。

巨人堤离Belfast很远，自己去非常不方便。
为嘛要跟团？我最喜欢自由行！

大巴沿途会在景点处停下，等游客参观完毕，再驶向下一个景点。司机就是导游，但游客需要自己控制好时间。

今天第一个景点是卡瑞克福格斯城堡。

卡瑞克福格斯城堡
Carrickfergus Castle

票价：成人£4，孩子/老人£2，4岁以下免费。开放时间：10月~次年3月10:00 ~ 16:00
电话：（028）9336 6666

Dunluce Castle在爱尔兰语翻译为建在山顶上的童话城堡。大巴士只是在这里停一下，让我们照相……
注意这个特别的小花坛

卡里克空中索桥
Carrick-A-Rede
打退堂鼓
风大得不像话，吹得桥身左右摇晃，实在太可怕啦！

八宝加油！
哎呦你这个金毛，怎么会了解我的心情……

但是队友的鼓励让人进退两难啊……最后走上了桥……

票价：成人£5.09，孩子£2.63。

大桥在天气允许的情况下开放时间：

11月~次年2月27日10:30~3:30　2月28日~5月26日10:00~18:00

5月27日~8月31日 10:00~19:00　9月1日~10月31日：10:00~18:00

11月1日~12月31日：10:30~15:30 最后访问时间是截至时间前45分钟。

12月25日及26日闭馆。

布什米尔斯威士忌酿酒厂
Old Bushmills Distillery

爱尔兰最知名的酒厂之一，唯一一个供游人开放的酒厂。

开放时间：周一至周六9:15~17:00，周日12:00~17:00。每天最后入场时间：16:00。

票价：成人£5，儿童£2.5（7岁及以下儿童不得进入生产区）

电话：44 028 2073 1521

传真：44 028 2073 1339

酒厂酿酒的原材料是大麦和Bush河支流St. Columb's Rill里的水，运用独特的酿造方法使布什米尔斯威士忌成为岛上的顶级威士忌。

司机带我们到Bushmills的酒厂专卖店解决午饭。

这是什么啊？好像我在家做糊了的咖喱牛肉……
吃得津津有味
传说中的Irish Stew

好好吃啊！
我是抱着一颗吃中国炖牛肉的心吃的这个爱尔兰乱炖……可没什么口感啊……

查了手机上的词典，原来我们吃的是很有名的爱尔兰炖牛肉。只不过配搭的不是米饭，而是面包。

去往**巨人堤 Giants causeway**的途中风景实在太美了，这是今天的重头戏。

路上多次看到羊群，小羊都在悠闲地吃草，不知道生活在这么像童话的环境里它们心情会不会好一点，羊毛更厚重，羊肉也跟着肥嫩些呢？

巨人堤 Giants Causeway

电话：44 028 20731855　传真：44 028 20732537

景点开放时间：全年　门票：免费

北爱尔兰，被称作绿岛，据说有四十多种绿，虽然用眼睛分辨不出来那么多绿色，但风景真的美极了。在游览巨人堤之前，有必要分享一下我的着装……

帽子
防雨外套
防雨的相机套，购于网上
双肩包
对比……

踏上北爱尔兰岛，我就知道，所有旅行都将是"风中凌乱，群魔乱舞"式的……

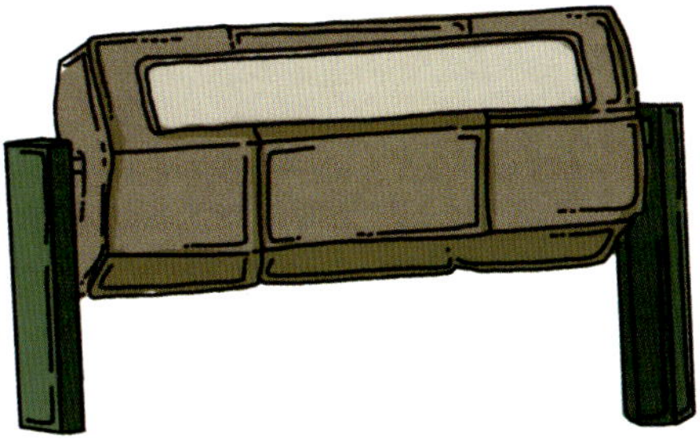

沿途设置有一些讲解地质知识的滚筒，做成了六棱柱的形状和巨石堤相呼应。

巨人堤其实是安特里姆平原边缘的岬角上，由3万7千多根玄武岩石柱组成，高度从12米到6米不等，形状有四边形、五边形、六边形。好像是巨人的积木玩具。

这种巨人积木是在15000多年前，由于火山熔岩的多次溢出结晶而形成的。

尽管风超级大，还是看到很多外国人带着小孩来，装备是绝对的专业，这个人背包装备是我见到最特别的一个，好洋气啊！
里面装的是娃娃

旅行拍照我有妙招

旅行中拍了很多有
意境的照片。

完全没有摄影师的真
相，是这样的……

我随身携带了一个
便捷式相机架……

先找到喜欢的景物，然后把位置对好，想象人物在哪个位置，设计好构图。

假设的人物位置

然后把相机调到自拍模式就可以了……

但往往会出现意外状况……

比如有人没看到相机，直接走进画面……

或者把相机摆好然后我跑到前面摆出不经意的姿势等好久，引来别人围观……

好奇怪的人！

但……他们很快就会忘了我的，我还是假装没看见好了……

在北爱尔兰参加英式婚礼

婚礼的主角是我住在北爱尔兰家庭旅馆的邻居，我赶到的时候他们正在宣誓。

……无论是好是坏、富裕或贫穷、疾病还是健康都彼此相爱、珍惜，直到死亡才能将我们分开……

婚礼仪式不仅传统，而且节奏非常缓慢，好像哪个环节稍有怠慢，上帝就会生气似的。

有谁反对他们的婚姻吗?!

虽然问题没什么意义，但传统的程序需要问两遍……

有谁反对他们的婚姻吗?!
阿啾~

一个小孩打喷嚏把大家逗笑了，原本严肃的气氛一下变得很轻松……

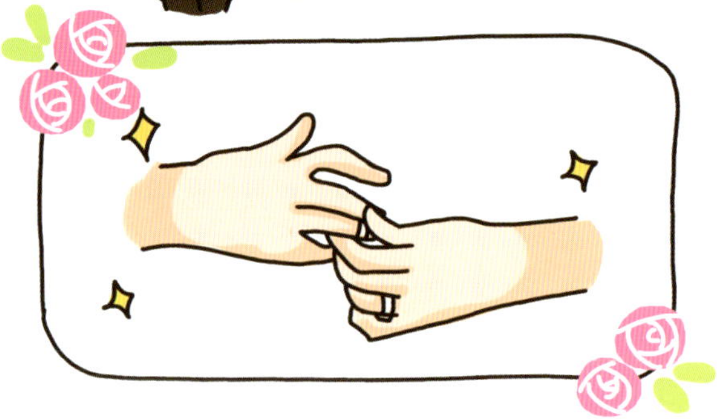

新娘和新郎相互戴上戒指

交换戒指后新郎新娘去教堂后面的办公室登记，亲友们留在教堂听一位女士唱歌。

他们再出现的时候就是合法夫妻啦！新人挽手走过大家面前，亲友们一起唱圣歌祝贺。

走出教堂后仪式就结束了，门口有个小募捐箱。之后大家一起去参加酒会晚宴。我的时间不够了，没有参加，但从字面分析就是庆祝party和吃饭嘛……

好香……

路过餐厅的草坪，有人在院子里烤羊腿做准备，宴会的食品一定非常丰富……

婚礼后记

大多英国婚礼讲求庄重、神圣和亲情，没有放鞭炮给红包这样的环节。简单的仪式后，亲友们就到婚宴餐厅边休息边等新人来到草坪和他们拍照。之后一起回室内，新人切婚礼蛋糕，开始婚宴！

婚礼前半段是正式西餐，
菜式不是固定的。

头盘是三文鱼

主菜是烤羊腿

甜点是栗子蛋糕

没有敬烟也没人抽烟；有
葡萄酒助兴，但不敬酒。

餐间没有喧哗和大声聊天。就餐完毕，新人及父母，伴娘、伴郎开始发言，话题都是和新人相处的趣事，引来笑声不断。婚宴结束后，亲友们送上准备好的礼物，表示祝贺。一切圆满结束，又是个新的开始……

九、小结

一些小资讯

如果迷路，可以找警察或者交通管理员帮忙。危机信息，警车，火警，救护车服务电话：999（24小时免费电话），但务必遇到真正危急的事情再打。警车和消防车很好辨认，救护车是黄色的。

残障人士求助电话：01302310123

国家药物帮助热线：0800776600（24小时热线）

如果购买处方药，需要向药剂师出示处方并提供药物的通用名字。

如果财产丢失可以到当地警察局报案，主要火车站和车站有财产遗失办公室。

如果想在英国开车，需要有英国国内承认的驾驶证，所驾驶汽车的证件，个人身份证等。

难道让我坐出租车去机场吗……心疼死了……
行李超多，无法移动……

英国之行在北爱尔兰画上圆满的句号。

读者服务卡

书名：手绘英国旅行

谢谢你选择了这本书！期待您的支持与建议，让我们能有更多联系与互动的机会。

A. 您在何时购得本书：______年 _____月 _____日

B. 你在何处购得本书：_________书店，位于________（市、县）

C. 你从哪里得知本书的消息：

1. □书店 2. □报纸杂志 3. □电台活动 4. □网络资讯

5. □书店宣传品等 6. □亲友介绍 7. □书评 8. □其他

D. 您购买本书的目的：（多选）

1. □对主题或内容感兴趣 2. □工作需要 3. □生活需要

4. □自我选修 5. □内容为流行热门话题 6. □其他

E. 您最喜欢本书的（多选）

1. □内容题材 2. □字体大小 3. □翻译文章

4. □封面 5. □编排方式 6. □其他

F. 您认为本书的封面：1. □非常出色 2. □普通 3. □毫不起眼 4. □其他

G. 您认为本书的编排：1. □非常出色 2. □普通 3. □毫不起眼 4. □其他

H. 您通常以哪些方式购买：（多选）

1. □逛书店 2. □书展 3. □邮购 4. □团购 5. □网购 6. □其他

I. 您希望我们出版哪类书籍：（多选）

1. □旅游 2. □流行文化 3. □生活休闲 4. □美容保养

5. □散文小品 6. □科学新知 7. □艺术音乐 8. □致富理财

9. □工商企管 10. □科幻推理 11. □史哲类 12. □励志传记

13. □电影小说 14. □语言学习 15. □幽默谐趣 16. □其他

J. 您对本书（系）的建议：

____

____

读者小档案

姓名：________性别：□男 □女 生日：___年___月___日

年龄：1. □20岁以下 2. □21—30岁 3. □31—50岁 4. □51岁以上

服务：1. □学生 2. □军公教 3. □大众传播 4. □服务业

5. □金融业 6. □制造业 7. □资讯业 8. □其他

学历：□初中 □高中 □大学 □研究生及以上

通讯地址：______________________________

电话：______________ 传真：______________

手机：______________ E-mail：______________

◎谢谢您购买本书

随身查

随身查
北京
玩全攻略

ISBN: 978-7-5088-3586-0
定价：28.00元

随身查
上海
玩全攻略

ISBN: 978-7-5088-3565-5
定价：26.80元

玩全攻略

随身查
重庆
玩全攻略

ISBN: 978-7-5088-3584-6
定价：24.80元

随身查
厦门
玩全攻略

ISBN: 978-7-5088-3564-8
定价：22.00元

随身查
西安
玩全攻略

ISBN: 978-7-5088-3585-3
定价：24.80元